AMICI OLTRE I CONFINI

Una Guida informale per expat in cerca di connessioni

ALAN DE AMBROGI

INDICE

1. Prepararsi per l'avventura

- Accogliere il cambiamento: affrontare l'ansia e l'eccitazione del trasferimento
- Sfruttare le risorse online: utilizzare gruppi e forum per connettersi in anticipo
- Abbracciare la cultura locale: comprendere le tradizioni e i valori del paese ospitante

2. Modalità per conoscere persone

- Attività di gruppo: partecipare a corsi, lezioni o attività sportive di gruppo
- Eventi sociali: frequentare feste, cene o incontri organizzati dalla comunità locale o da gruppi di expat
- Lavoro e networking professionale: partecipare a conferenze, eventi di settore o gruppi di networking, fare amicizia con I colleghi

- Volontariato: dedicare del tempo a cause benefiche o organizzazioni locali
- Social media: utilizzare piattaforme come Facebook, Meetup o LinkedIn per connettersi con persone con interessi simili
- Fare amicizia con i coinquilini - avvicinarsi ai coinquilini, organizzare eventi comunitari informali

3. Rompere il ghiaccio

- Svelare il potere del sorriso: l'importanza della gentilezza e dell'apertura
- Le abilità della conversazione: imparare a fare domande pertinenti e mostrare interesse
- Esplorare hobby e interessi comuni: sfruttare le attività di gruppo per incontrare persone affini

4. Costruire rapporti autentici

- Essere autentici: mostrare la tua vera personalità e condividere esperienze personali
- L'arte dell'ascolto attivo: imparare a dare spazio agli altri e comprendere le loro prospettive
- Coltivare l'empatia: comprendere e

rispettare le differenze culturali

5. Superare le sfide

- Il senso di solitudine: affrontare i momenti difficili e cercare supporto
- Affrontare le barriere linguistiche: trovare modi creativi per comunicare e imparare la lingua locale
- Gestire le differenze culturali: navigare tra le diversità per stabilire relazioni solide

6. Conoscere locals e stranieri

- Sfumature di amicizia
- L'importanza di entrambi: scoprire le ricchezze delle amicizie con i locals e gli expat
- Conoscere i locals: immergersi nella cultura locale, frequentare eventi e luoghi frequentati dai residenti
- Interagire con gli expat: partecipare a gruppi e club per stranieri, sfruttare le reti esistenti di expat
- Abbracciare la diversità: godere dei vantaggi di avere amicizie sia locali che internazionali

7. Mantenere amicizie durature

- Investire nel tempo e nell'impegno: coltivare le amicizie e organizzare attività ricorrenti
- Affrontare i conflitti in modo costruttivo: gestire le divergenze culturali e risolvere i contrasti
- Accogliere nuovi arrivati: aiutare gli altri expat ad adattarsi e sentirsi a casa

INTRODUZIONE

Benvenuto! Se stai pianificando un trasferimento all'estero o sei già un expat in cerca di connessioni significative, sei nel posto giusto! Questa guida è pensata per coloro che desiderano andare oltre le barriere culturali, creare amicizie durature e godere appieno dell'esperienza di vivere in un paese diverso.

Essere un expat può essere un'avventura emozionante e allo stesso tempo un po' spaventosa. Lontani dalla famiglia e dagli amici di sempre, ci troviamo ad affrontare nuove sfide e a cercare di stabilirci in una comunità straniera. Ma non preoccuparti, questo libro è qui per aiutarti a navigare attraverso questo processo e a trasformare le sfide in opportunità di crescita personale.

Attraverso le diverse sezioni del libro, esploreremo varie strategie per creare connessioni autentiche, dalla preparazione dell'avventura al mantenimento di amicizie durature. Impareremo a gestire l'ansia e l'eccitazione del trasferimento, a sfruttare le risorse online per connetterci in anticipo e ad abbracciare la cultura locale con curiosità. Esploreremo le attività di gruppo, gli eventi sociali, il networking professionale e il volontariato come strumenti per incontrare nuove persone. Scopriremo l'importanza di essere autentici, di ascoltare attivamente e di coltivare l'empatia nelle relazioni. Affronteremo le sfide come la solitudine, le barriere linguistiche e le differenze culturali, imparando a superarle con resilienza.

Inoltre, esploreremo le sfumature delle amicizie con i locals e gli expat, riconoscendo il valore di entrambe le prospettive e abbracciando la diversità che queste connessioni ci offrono. Infine, impareremo come mantenere amicizie durature e come dare il benvenuto ai nuovi arrivati, offrendo il nostro supporto e la nostra esperienza per aiutarli a sentirsi a casa nel loro nuovo ambiente.

Questa guida è una risorsa informale e pratica, arricchita da consigli, storie personali e suggerimenti utili che ti accompagneranno nel tuo viaggio verso una vita all'estero piena di connessioni significative. Che tu sia un expat alle prime armi o un veterano in cerca di nuove amicizie, "Amici oltre i confini" sarà la tua guida fidata per creare connessioni autentiche, scoprire nuove culture e vivere appieno l'esperienza unica di essere un cittadino del mondo.

Quindi, preparati a esplorare nuovi orizzonti, a superare le barriere culturali e a costruire relazioni che dureranno nel tempo. Siediti comodamente, prendi questa guida e immergiti in un mondo fatto di amicizie internazionali. Buon viaggio nella ricerca di amicizia e di una vita ricca di connessioni profonde e significative!

CAPITOLO 1: PREPARARSI PER L'AVVENTURA

Accogliere Il Cambiamento: Affrontare L'ansia E L'eccitazione Del Trasferimento

Il trasferimento in un nuovo paese può suscitare una vasta gamma di emozioni contrastanti.

Da un lato, c'è quindi l'eccitazione pura, perché sai che stai per vivere un'avventura straordinaria! Immagina tutte le nuove esperienze, le persone da incontrare e i luoghi incredibili da scoprire!

Ma poi, inevitabilmente, si affacciano anche l'ansia e le preoccupazioni. "E se non mi dovessi adattare? Come farò a comunicare se la lingua è diversa? Forse è una pazzia?"

Inoltre, devi fare i conti con la separazione

dai tuoi cari. Dovrai dire addio agli amici e alla famiglia, e questo può essere difficile da affrontare. In fondo, lascerai una parte di te nel posto che chiami casa.

E parlando di casa, ci sarà sicuramente una dose di nostalgia e malinconia verso i luoghi che conosci così bene. Non importa quanto sia emozionante il nuovo inizio, ci saranno momenti in cui sentirai la mancanza di tutto ciò che è familiare e confortante.

Ah, e poi c'è l'ansia riguardo a tutte le cose pratiche da sistemare: i documenti, il visto, il lavoro, l'alloggio... E se qualcosa andasse storto? E se ti trovassi bloccato in una situazione sconosciuta?

Ma sai cosa? Questa è anche una fantastica opportunità di crescita e scoperta. Avrai l'opportunità di imparare una nuova lingua, fare amicizia con persone provenienti da tutto il mondo e immergerti in una cultura totalmente diversa. Sarà una vera e propria avventura, con tutte le sfide e le gioie che questo comporta.

Sì, può essere spaventoso, ma la vita è fatta di avventure, vero? E tu stai per intraprenderne una straordinaria! Quindi, prendi fiato, tieni la testa alta e vai avanti con determinazione! Sarà un'opportunità per crescere, imparare e aprirsi a nuove esperienze.

Ecco alcuni suggerimenti per accogliere il

cambiamento e affrontare l'ansia e l'eccitazione legate al trasferimento.

Informarsi e fare ricerca: Prepararsi adeguatamente può aiutare a ridurre l'ansia legata al trasferimento. Cercare informazioni è fondamentale perché ti aiuta a prepararti adeguatamente per questa grande transizione.

Ci sono diversi motivi per cui questa fase di ricerca è così importante:
Conoscere la cultura e le usanze locali ti permette di evitare situazioni imbarazzanti o comportamenti inappropriati. Inoltre, dimostrare una comprensione della cultura locale favorisce l'integrazione e il rispetto reciproco.

Affrontare la burocrazia e i requisiti legali è essenziale quando ci si sposta in un altro paese. Informarsi sulle procedure burocratiche, come il visto, i permessi di lavoro e altre autorizzazioni, ti consente di gestire queste questioni in modo tempestivo ed efficace.

Prepararsi economicamente è cruciale perché trasferirsi all'estero può comportare costi inaspettati. Sapere di più sul costo della vita nel nuovo paese, sugli stipendi medi e sul sistema fiscale ti aiuterà a gestire il tuo bilancio e le tue finanze in modo oculato.
Valutare il sistema sanitario del paese di destinazione ti offre la tranquillità di sapere

come funziona e quali coperture assicurative sono disponibili in caso di emergenza.

Trovare un alloggio adeguato è importante per sentirsi a proprio agio nel nuovo ambiente. Conoscere il mercato immobiliare e le diverse opzioni ti aiuta a scegliere un posto adatto alle tue esigenze e al tuo budget.
Se il trasferimento è legato al lavoro o allo studio, informarti sulle opportunità professionali e scolastiche nel nuovo paese ti aiuta a prendere decisioni consapevoli.

Essere ben informato ti permette di adattarti meglio alla nuova realtà e a superare eventuali ostacoli iniziali. Sapere cosa aspettarsi e come affrontare le sfide ti renderà più sicuro di te stesso e pronto ad affrontare qualsiasi cambiamento.

Cerca dunque di raccogliere informazioni sul paese ospitante, la sua cultura, le tradizioni, le norme sociali e le abitudini quotidiane. Ad oggi, esistono diverse risorse per ottenerle. Leggi libri, guide e articoli online, segui blog di expat e partecipa a forum di discussione per ottenere informazioni di prima mano da persone che hanno già vissuto questa esperienza.

Mantenere una mentalità aperta: Approcciare il trasferimento con una mentalità aperta può contribuire a ridurre l'ansia e a favorire l'accettazione del nuovo ambiente.

Sì, è vero che incontrerai differenze culturali e nuove sfide, ma affrontale con entusiasmo e curiosità. Queste differenze possono arricchire la tua esperienza e farti crescere come individuo.

Ricorda che ogni cultura ha le sue peculiarità e che il modo in cui le persone si comportano e pensano potrebbe essere diverso da quello a cui sei abituato. Cerca di capire e rispettare queste differenze, e cerca di apprezzare le prospettive diverse che incontrerai.

Crea una rete di supporto: Per rendere il tuo approccio con la nuova realtá meno complicato, può essere utile cercare di connetterti con altre persone che si trovano nella tua stessa situazione o che hanno già vissuto un'esperienza simile. Partecipa a gruppi online o partecipa a eventi organizzati per gli expat. Trovare un sostegno emotivo e pratico può essere estremamente utile nel superare l'ansia e nel sentirsi meno isolati in un nuovo ambiente.

Questi incontri ti permetteranno di incontrare persone che capiscono esattamente ciò che stai vivendo e con cui puoi condividere le tue sfide e le tue vittorie.

Il sostegno emotivo e pratico di una rete di supporto può essere estremamente utile nel superare l'ansia e nel sentirti meno isolato in un nuovo ambiente. Potrai scambiare consigli, trovare informazioni preziose e ricevere incoraggiamenti quando ne hai bisogno.

Non avere paura di raggiungere altre persone, anche se all'inizio potresti sentirti timido o incerto. Ricorda che tutti hanno iniziato da qualche parte e che c'è una grande comunità di expat pronta ad accoglierti a braccia aperte.

Preparati logisticamente: Come giá discusso precedentemente, affrontare i dettagli pratici del trasferimento può aiutare a ridurre l'ansia. Assicurati di avere tutti i documenti necessari, organizza il trasporto, prendi in considerazione questioni come l'alloggio, la salute e l'assicurazione. Avere una lista di controllo dettagliata e completare tutte le azioni necessarie prima della partenza può darti una maggiore tranquillità.

Tuttavia, è importante capire che, nonostante una pianificazione accurata, ci saranno sempre situazioni impreviste. Questo è del tutto normale e fa parte della sfida di vivere in un nuovo paese. Prepararsi logisticamente ti darà sicuramente una base solida, ma è essenziale essere flessibili e pronti ad affrontare l'inaspettato.

Affrontare queste situazioni impreviste può essere una grande occasione di crescita personale. Superare gli ostacoli e adattarsi alle nuove circostanze ti renderà più resiliente e ti aiuterà a sviluppare nuove abilità e competenze.

Quindi, mentre ti prepari logisticamente, tieni a mente che ci saranno momenti di incertezza, ma abbraccia l'ignoto con coraggio e spirito positivo. Ogni sfida affrontata con determinazione ti renderà una persona più consapevole e capace di affrontare con sicurezza tutto ciò che il futuro ti riserva.
Top of Form

Focalizzati sulle opportunità: Rivedi il trasferimento come un'opportunità per crescere e imparare qualcosa di nuovo. Cerca di identificare gli aspetti positivi del tuo nuovo ambiente, come la possibilità di scoprire una cultura diversa, imparare una nuova lingua o acquisire competenze professionali uniche. Concentrati su questi aspetti positivi per ridurre l'ansia e alimentare l'eccitazione per l'avventura che ti attende.

Ricorda che ogni esperienza, negative o positive che sia, è un'opportunità di apprendimento e crescita per il futuro. È nel superare le sfide che scoprirai quanto sei forte e quanto puoi adattarti a qualsiasi ambiente.

Continua a essere aperto e flessibile, e ricorda che questa esperienza di trasferimento all'estero sarà una delle avventure più significative e gratificanti della tua vita.

Prenditi del tempo per te stesso: Il trasferimento può essere un periodo di grande stress, quindi è importante prendersi del tempo per se stessi e per rilassarsi. Trova attività che ti aiutino a calmare la mente e a ridurre lo stress, come lo yoga, lo sport, la meditazione, fare una passeggiata nella natura o leggere un libro. Prendersi cura del proprio benessere fisico e mentale può contribuire a mantenere l'equilibrio durante il periodo di transizione.

Affrontare l'ansia e l'eccitazione del trasferimento richiede un mix di preparazione pratica, supporto emotivo e una mentalità aperta. Ricorda che è normale provare una gamma di emozioni durante questa fase di cambiamento, ma con il tempo e l'impegno nel creare una nuova vita nel paese ospitante, molte delle ansie iniziali si attenueranno. Sii gentile con te stesso e sii aperto alle opportunità che ti attendono.

Sfruttare Le Risorse Online - Utilizzare Gruppi E Forum Per Connettersi In Anticipo

Quando ci si prepara per un trasferimento in un nuovo paese, le risorse online possono essere un prezioso strumento per connettersi in anticipo con altre persone che si trovano nella stessa situazione o che vivono già nell'area di destinazione. Ecco alcuni modi per sfruttare al meglio le risorse online per creare connessioni prima ancora di arrivare nel nuovo paese.

Gruppi e forum di expat: Esistono numerosi gruppi e forum online dedicati agli expat che vivono in diverse parti del mondo. Questi gruppi offrono un ambiente in cui puoi fare domande, ottenere consigli e connetterti con persone che hanno già vissuto l'esperienza del trasferimento nel paese in cui stai andando.

Puoi trovare gruppi su piattaforme come Facebook, Reddit o specifici siti web per expat. In particolare, ci sono gruppi di Facebook specifici per expat italiani o italiani che vivono in una specifica area, dove puoi trovare informazioni e connetterti con altri connazionali che hanno già esperienze nel paese che stai per trasferirti. Usa questi gruppi per porre domande, chiarire dubbi, venire a conoscenza di eventi o curiosità o anche solo per presentarti agli altri.

Tra le piattaforme dedicate agli expat online, certamente Internations e Expat.com sono tra le più utili per chi si sta trasferendo all'estero o per chi è già un expat.

Internations è una delle più grandi reti di expat al mondo, offrendo forum di discussione, gruppi di interesse, eventi e incontri locali. Qui, gli expat possono connettersi con altre persone che si trovano nella stessa situazione o che hanno già vissuto in un paese specifico. I gruppi di interesse coprono vari argomenti, come il networking professionale, il cibo, le attività all'aperto e altro ancora, creando un ambiente stimolante e socievole.

Expat.com, d'altra parte, è un portale online dedicato agli expat, che offre informazioni e risorse pratiche su diversi aspetti della vita all'estero. Troverai guide, articoli e forum di discussione dove gli expat possono condividere consigli e informazioni utili.

Entrambe le piattaforme organizzano eventi locali e incontri, offrendo agli expat l'opportunità di incontrarsi di persona e creare nuove amicizie. Partecipare a questi eventi può essere un ottimo modo per socializzare e integrarsi nella comunità locale, rendendo il processo di adattamento più piacevole e gratificante.

Siti di incontri di amici: Ci sono anche siti web e applicazioni mobili che mettono in contatto persone che cercano amicizie o connessioni sociali nella propria area. Questi siti sono un'opportunità per iniziare a conoscere persone locali o altri expat che possono diventare amici una volta che arrivi nel nuovo paese. Assicurati di fare ricerche sulla reputazione e sulla sicurezza di tali piattaforme prima di condividere informazioni personali o incontrare qualcuno di persona.

Forum e siti di viaggi: Oltre ai gruppi specifici per expat, puoi anche partecipare a forum di viaggi o siti web che offrono consigli e informazioni sul paese di destinazione. Questi forum spesso hanno sezioni dedicate agli expat in cui puoi porre domande, ottenere suggerimenti e connetterti con persone che hanno familiarità con la zona in cui stai per trasferirti.

Uno strumento molto utile può essere per esempio Couchsurfing. Oltre ad essere una piattaforma per trovare ospitalità durante i viaggi, Couchsurfing può anche essere un ottimo modo per connettersi con expat locali e viaggiatori. Grazie all'app infatti si possono organizzare eventi o semplicemente prendervi parte. Un'altra funzione molto utile inoltre è quella Hangouts, perfetta per incontrare persone nelle proprie vicinanze.

Piattaforme di scambio linguistico: Se stai trasferendoti in un paese in cui si parla una lingua diversa dalla tua, le piattaforme di scambio linguistico online possono essere una risorsa preziosa per connetterti con madrelingua disposti ad aiutarti a migliorare la lingua locale. Questi scambi possono portare non solo all'apprendimento linguistico, ma anche a nuove amicizie con persone provenienti dal paese ospitante.

Ci sono diverse piattaforme di scambio linguistico dove puoi conoscere persone di diverse nazionalità e praticare le lingue che desideri imparare o migliorare. Ecco alcuni esempi di queste piattaforme:

Tandem: Tandem è un'app per lo scambio linguistico che ti permette di connetterti con persone di tutto il mondo per praticare lingue diverse. Puoi trovare partner linguistici e fare videochiamate o messaggi per migliorare le tue abilità linguistiche.

HelloTalk: HelloTalk è un'altra app di scambio linguistico che ti permette di connetterti con persone madrelingua di lingue diverse. Puoi chattare, fare chiamate vocali o videochiamate con i tuoi partner linguistici e imparare mentre insegni la tua lingua a loro.

ConversationExchange: Questa piattaforma online ti consente di cercare partner linguistici in base alla lingua che desideri imparare o insegnare e alla tua posizione geografica. Puoi incontrare persone di persona o fare scambi linguistici tramite chat o videochiamate.

Speaky: Speaky è una comunità online dove puoi trovare partner linguistici per praticare e imparare nuove lingue. L'app ti consente di connetterti con persone di tutto il mondo e migliorare le tue abilità linguistiche attraverso chat, chiamate vocali e videochiamate.

Italki: Italki è una piattaforma che offre sia insegnanti di lingua professionisti che partner linguistici. Puoi trovare persone disposte a fare scambi linguistici gratuiti o prenotare lezioni con insegnanti qualificati per migliorare le tue abilità linguistiche.

Queste piattaforme offrono diverse opzioni per connetterti con persone di tutto il mondo e praticare le lingue che desideri imparare o migliorare. Scegli quella che meglio si adatta alle tue esigenze e inizia a fare nuove amicizie e a migliorare le tue competenze linguistiche!

Gruppi online di interesse comune: Oltre ai gruppi specifici per expat, puoi cercare gruppi online che si concentrano su interessi specifici che condividi. Potrebbero essere gruppi di appassionati di fotografia, sport, cucina o qualsiasi altro argomento di tuo interesse. Unendoti a questi gruppi, avrai la possibilità di connetterti con persone che condividono le tue passioni e potresti anche incontrarle di persona una volta trasferito nel nuovo paese.

Utilizzare le risorse online, come gruppi di Facebook specifici per expat o italiani che vivono in una specifica area, per connettersi in anticipo offre l'opportunità di stabilire contatti e relazioni prima ancora di mettere piede nel nuovo paese. Questo può contribuire a ridurre l'ansia del trasferimento, fornirti informazioni preziose e offrirti un supporto sociale fin dall'inizio della tua avventura come expat. Ricorda di essere attento alla sicurezza online e di utilizzare piattaforme affidabili per connetterti con gli altri.

Abbracciare La Cultura Locale - Comprendere Le Tradizioni E I Valori Del Paese Ospitante

Uno degli aspetti fondamentali dell'esperienza da expat è l'opportunità di immergersi nella cultura del paese ospitante. Comprendere le tradizioni, i valori e la mentalità del luogo in cui ti trasferisci non solo ti aiuterà a integrarti meglio, ma creerà anche una base solida per stabilire connessioni significative con le persone locali. Ecco alcuni suggerimenti su come abbracciare la cultura locale e comprendere le tradizioni e i valori del paese ospitante.

Educarsi sulla cultura locale: Prenditi del tempo per studiare e informarti sulla cultura del paese ospitante. Leggi libri, guarda documentari o segui corsi online che trattano specificamente della cultura e della storia del luogo. Cerca di comprendere le usanze, le tradizioni, le festività e le pratiche quotidiane. Questo ti darà una solida base di conoscenze su cui costruire la tua comprensione della cultura locale.

Un modo efficace per immergersi nella cultura locale è consumare i media del posto. Guarda film e serie televisive locali, ascolta la musica e leggi giornali o riviste locali. Questo ti aiuterà non solo a migliorare le tue abilità linguistiche, ma ti fornirà anche temi di conversazione interessanti quando ti trovi a interagire con le persone del luogo.

Rispetta le differenze culturali: Quando ti trasferisci in un nuovo paese, è importante avere rispetto per le differenze culturali che incontrerai. Abbi mente aperta e impara ad apprezzare le diverse prospettive e modalità di vita. Sii consapevole delle norme sociali, dei gesti di cortesia e delle abitudini locali. Dimostrare rispetto verso la cultura locale può facilitare l'integrazione e la creazione di legami significativi con le persone del luogo.

Partecipa alle tradizioni locali: Cerca di partecipare alle tradizioni e alle festività locali. Prendi parte alle celebrazioni, agli eventi culturali e alle cerimonie tradizionali, se possibile. Questo ti darà l'opportunità di sperimentare la cultura in prima persona e di entrare in contatto con le persone locali che condividono un senso di appartenenza a quelle tradizioni.

Impara la lingua locale: Un modo efficace per comprendere appieno la cultura di un paese è imparare la sua lingua. Anche se può richiedere tempo e sforzo, l'apprendimento della lingua locale ti consentirà di comunicare meglio con le persone del luogo, accedere a una maggiore comprensione della cultura e dimostrare un sincero interesse nel connetterti con gli abitanti locali.

Quando impari la lingua locale, puoi sperimentare una connessione più profonda con gli abitanti del paese, dimostrando un sincero interesse nel comprendere le loro tradizioni, valori e punti di vista. Questa autentica interazione ti aiuta a rompere le barriere culturali e a costruire relazioni significative con gli altri.

Inoltre, l'apprendimento della lingua locale può anche aprire opportunità professionali e accrescere la tua capacità di adattarti a nuovi contesti. Essendo in grado di comunicare con il popolo del paese in cui ti trovi, potresti avere un vantaggio nel mercato del lavoro locale o nelle opportunità di studio e volontariato.

Fai domande e ascolta: Quando interagisci con le persone locali, fai domande rispettose e mostrati interessato a conoscere le loro esperienze e prospettive. L'ascolto attivo è fondamentale per comprendere la cultura locale. Sii aperto a nuove idee, sfide e punti di vista diversi dal tuo.

Il fatto di fare domande dimostra che sei aperto a imparare e a conoscere nuove realtà, creando un ambiente di scambio reciproco di informazioni e conoscenze. Questa volontà di apprendere è spesso apprezzata dai locali, poiché dimostra rispetto e interesse verso la loro cultura.

Inoltre, l'ascolto attivo è fondamentale per comprendere a fondo la cultura locale. Presta attenzione alle storie, alle tradizioni e alle opinioni delle persone che incontri. Sii aperto a nuove idee, sfide e punti di vista diversi dal tuo. Questo ti aiuterà a sviluppare una prospettiva più ampia e inclusiva sulla cultura del paese in cui ti trovi.

L'ascolto attivo permette anche di evitare fraintendimenti e di stabilire una comunicazione più efficace con le persone locali. Mostrare interesse genuino verso ciò che dicono e rispettare le loro opinioni crea un ambiente di dialogo aperto e costruttivo.

Fatti coinvolgere nella comunità locale: Partecipa attivamente alla vita comunitaria locale. Cerca opportunità di volontariato, partecipa a eventi culturali o unisciti a gruppi di interesse locale. Questo ti permetterà di connetterti con le persone locali che condividono interessi simili e di integrarti meglio nella comunità.

Abbracciare la cultura locale e comprendere le tradizioni e i valori del paese ospitante è un processo continuo. Richiede apertura mentale, curiosità e un impegno costante. Ricorda che l'obiettivo non è di diventare un esperto della cultura locale, ma di dimostrare rispetto, interesse e apertura verso le persone e le tradizioni del luogo in cui vivi come expat.

Eventi Sociali - Frequentare Feste, Cene O Incontri Organizzati Dalla Comunità Locale O Da Gruppi Di Expat

Gli eventi sociali sono un'ottima opportunità per conoscere nuove persone e creare connessioni come expat. Partecipare a feste, cene o incontri organizzati dalla comunità locale o da gruppi di expat ti permetterà di immergerti nella vita sociale del tuo nuovo ambiente e di incontrare persone con interessi e background diversi. Ecco alcuni suggerimenti su come sfruttare gli eventi sociali per ampliare la tua rete di contatti.

Informarsi sugli eventi locali: Tieniti informato sugli eventi sociali organizzati nella tua comunità locale o nella comunità degli expat. Controlla annunci su giornali locali, siti web, gruppi di Facebook o app di eventi per scoprire le feste, le cene o gli incontri in programma. Inoltre, cerca eventi specifici per expat, come raduni, gruppi di conversazione linguistica o serate culturali organizzate da associazioni di expat.

Partecipa agli eventi organizzati: Prendi parte attiva agli eventi sociali che ti interessano. Puoi partecipare a feste, cene o incontri informali, sia quelli organizzati dalla comunità locale sia quelli organizzati da gruppi di expat. Questi eventi offrono un ambiente rilassato e informale in cui puoi socializzare con gli altri partecipanti.

Sii aperto e socievole: Quando partecipi agli eventi sociali, sii aperto e socievole. Fai conversazione, presentati agli altri e mostra interesse per le persone che incontri. Fai domande, ascolta attentamente e condividi le tue esperienze. Essere socievoli e amichevoli ti aiuterà a creare un'atmosfera accogliente e a facilitare l'instaurarsi di nuove connessioni.

Partecipa attivamente alle attività: Gli eventi sociali spesso includono attività o giochi che favoriscono l'interazione tra i partecipanti. Partecipa attivamente a queste attività, unendoti ai gruppi e coinvolgendoti con entusiasmo. Questo ti permetterà di condividere momenti divertenti e di creare un legame più stretto con gli altri partecipanti.

Scambia contatti e mantieni il contatto: Durante gli eventi sociali, non esitare a scambiare contatti con le persone che ti hanno colpito di più e con cui desideri consolidare l'amicizia. Condividi il tuo numero di telefono o il profilo sui social media e invita le persone a contattarti in seguito.

Mantenere il contatto con queste persone è fondamentale per creare legami più profondi e continuare a scoprire nuovi aspetti delle loro vite e delle loro culture. Organizzare ulteriori incontri o partecipare a diverse attività insieme può essere un ottimo modo per rafforzare l'amicizia e sperimentare nuove esperienze insieme.

Una strategia utile per rimanere sempre in contatto con il gruppo di amici che hai incontrato è creare un gruppo di WhatsApp. Questo gruppo può essere uno spazio in cui tutti si aggiornano frequentemente sulle attività, suggeriscono nuovi eventi o semplicemente condividono momenti di gioia e spensieratezza. Un gruppo di WhatsApp permette di mantenere una comunicazione più immediata e informale, e può essere di grande aiuto nel coordinare gli incontri e le uscite, facilitando così la partecipazione di tutti. Inoltre, questo gruppo diventa un luogo virtuale in cui condividere idee, passioni, notizie e riflessioni sulla cultura locale, favorendo la crescita delle relazioni e l'approfondimento delle affinità.

Lo scambio di contatti e il mantenimento del contatto con persone interessanti possono contribuire a consolidare amicizie significative e permetterti di scoprire sempre di più sulla cultura e sulla vita quotidiana del paese in cui ti trovi. Creare un gruppo di WhatsApp può essere un modo pratico e divertente per restare connessi e continuare a condividere esperienze e momenti speciali insieme. Questo ambiente di amicizia e condivisione può trasformarsi in un prezioso punto di riferimento durante il tuo soggiorno all'estero, offrendoti il sostegno e la compagnia di nuovi amici provenienti da diverse parti del mondo.

Partecipa attivamente alla comunità: Oltre a frequentare gli eventi sociali, cerca di partecipare attivamente alla comunità locale o agli eventi organizzati da gruppi di expat. Offriti volontario per aiutare nell'organizzazione di eventi o attività, partecipa a incontri di gruppo o unisciti a club o associazioni che si adattano ai tuoi interessi. Questo ti darà l'opportunità di conoscere persone che condividono le tue passioni e di stabilire connessioni più profonde.

Frequentare feste, cene o incontri organizzati dalla comunità locale o da gruppi di expat è un modo efficace per conoscere nuove persone e creare legami sociali come expat. Sii aperto, socievole e partecipa attivamente alle attività durante gli eventi. Questo ti permetterà di creare connessioni significative e di ampliare la tua rete di contatti nel tuo nuovo ambiente.

CAPITOLO 2: MODALITÀ PER CONOSCERE PERSONE

Attività Di Gruppo - Partecipare A Corsi, Lezioni O Attività Sportive Di Gruppo

Una delle migliori strategie per conoscere nuove persone e creare connessioni significative come expat è partecipare ad attività di gruppo. Queste attività offrono un ambiente sociale informale in cui puoi incontrare persone con interessi simili e condividere esperienze divertenti e gratificanti insieme. Ecco alcuni suggerimenti su come sfruttare le attività di gruppo per connetterti con gli altri.

Identifica i tuoi interessi: Inizia identificando i tuoi interessi e le attività che ti piacerebbe sperimentare o migliorare, proprio come faresti nel tuo paese. Potresti essere interessato a corsi di cucina, pittura, fotografia, danza, lingue straniere o qualsiasi altro campo. Identificare le tue passioni ti aiuterà a trovare le attività di gruppo che meglio si adattano ai tuoi interessi e ti permetterà di incontrare persone con cui condividi affinità culturali.

Fai una ricerca delle attività di gruppo offerte nella tua area. Consulta annunci, siti web locali, annunci di eventi o chiedi a persone del posto per scoprire quali sono le opzioni disponibili. Puoi trovare corsi, lezioni o attività sportive di gruppo presso centri comunitari, scuole, palestre, centri culturali o associazioni locali.

Il fatto di avere interessi comuni può facilitare l'instaurarsi di legami più profondi e significativi con le persone che incontri, indipendentemente dalla loro provenienza. Attraverso la partecipazione a queste attività, potrai stabilire nuove connessioni e creare amicizie autentiche, basate su passioni e hobby condivisi.

Ricorda che le attività di gruppo e gli interessi condivisi sono un ottimo modo per superare le barriere culturali e creare un ambiente inclusivo e accogliente, sia per te che per gli altri. Trovare persone con cui condividere interessi simili ti farà sentire più a tuo agio nel paese straniero, fornendoti un senso di appartenenza e di vicinanza anche lontano da casa.

Iscriviti a corsi o lezioni: Partecipa a corsi o lezioni che ti interessano. Potresti prendere parte a un corso di yoga, di cucina, di lingua, di fotografia o a lezioni di strumenti musicali. Questi corsi non solo ti permetteranno di sviluppare nuove abilità o interessi, ma ti metteranno anche in contatto con altre persone che condividono la tua passione. Approfitta di questi momenti per interagire con gli altri partecipanti e stabilire connessioni.

Unisciti a squadre sportive o gruppi di attività all'aperto: Se ti piace lo sport o le attività all'aperto, considera l'opportunità di unirti a squadre sportive locali, gruppi di escursionismo, corsi di yoga all'aperto o club di ciclismo. Questi gruppi offrono l'opportunità di connettersi con persone che condividono la tua passione per lo sport e l'avventura.

Mostra interesse e socializza: Quando partecipi a queste attività di gruppo, mostra interesse per gli altri e sii aperto a fare nuove conoscenze. Fai conversazione, chiedi informazioni, condividi le tue esperienze e fatti coinvolgere nelle attività di gruppo. Essere socievoli e aperti aiuterà a rompere il ghiaccio e a creare connessioni più profonde con gli altri partecipanti.

Le amicizie possono fungere da veicolo per incontrare nuove persone e allargare la tua cerchia sociale. L'affermazione che le amicizie portano ad avere più amicizie è basata su un concetto noto come "effetto dell'amicizia". Questo effetto suggerisce che quando si forma una nuova amicizia, si aprono nuove opportunità per incontrare altre persone attraverso la rete di connessioni dell'amico appena fatto. In altre parole, le nuove amicizie possono agire come ponti verso altre cerchie sociali, aumentando la probabilità di fare ulteriori nuove conoscenze.

Mantieni la costanza: Per creare connessioni durature, è importante partecipare regolarmente a queste attività di gruppo. Mantieni un impegno costante e rendi queste attività una parte integrante della tua routine. Questo ti permetterà di costruire relazioni più forti con gli altri partecipanti nel tempo.

Partecipare a corsi, lezioni o attività sportive di gruppo come expat offre l'opportunità di conoscere persone con interessi simili e di creare legami autentici. Queste attività ti permettono di condividere esperienze, imparare insieme e divertirti nel processo. Sii aperto, coinvolto e pronto a metterti in gioco. Le attività di gruppo possono offrirti un terreno fertile per costruire relazioni significative e durature nel tuo nuovo ambiente.

Lavoro E Networking Professionale - Partecipare A Conferenze, Eventi Di Settore O Gruppi Di Networking, Fare Amicizia Con I Colleghi

Un'opportunità preziosa per conoscere nuove persone come expat si presenta attraverso il lavoro e il networking professionale. Partecipare a conferenze, eventi di settore o gruppi di networking ti permette di entrare in contatto con professionisti locali e internazionali che condividono le tue passioni e interessi. Inoltre, fare amicizia con i colleghi può essere una via naturale per stabilire connessioni sociali significative. Ecco alcuni suggerimenti su come sfruttare il lavoro e il networking professionale per creare connessioni come expat.

Partecipa a conferenze ed eventi di settore: Informarti sulle conferenze e gli eventi di settore che si svolgono nella tua area e partecipa ad essi. Questi eventi offrono l'opportunità di incontrare professionisti locali e internazionali nel tuo campo di interesse. Approfitta di queste occasioni per fare networking, scambiare idee e stabilire connessioni con persone che lavorano nel tuo settore.

Iscriviti a gruppi di networking professionali:

Cerca gruppi di networking professionale nella tua area e iscriviti a quelli che ti interessano. Questi gruppi sono solitamente composti da professionisti provenienti da diversi settori che si incontrano regolarmente per condividere informazioni, esperienze e creare opportunità di collaborazione. Partecipare a questi gruppi ti permetterà di ampliare la tua rete professionale e di stabilire connessioni con persone che condividono le tue ambizioni e obiettivi.

Sii proattivo nel fare networking: Durante eventi di networking o conferenze, sii proattivo nell'approcciare gli altri partecipanti. Fai domande, condividi le tue esperienze e cerca di trovare punti di connessione. Non avere paura di presentarti agli altri e scambiare contatti. Mantieni un atteggiamento aperto e disponibile a creare connessioni significative.

Fai amicizia con i colleghi: Non solo è normale fare amicizia con i colleghi, ma è anche un aspetto importante della tua esperienza lavorativa. Considerando che trascorrerai gran parte del tuo tempo con loro, creare legami amichevoli può rendere l'ambiente professionale più piacevole e supportivo.

Partecipare alle attività sociali organizzate in ufficio, come feste, cene o incontri informali, è un ottimo modo per iniziare a conoscere meglio i tuoi colleghi in un contesto più rilassato. Queste occasioni ti offrono l'opportunità di socializzare e scoprire interessi comuni che possono facilitare l'instaurarsi di amicizie durature.

Inoltre, sfruttare le pause caffè o i momenti di pausa per conversare con i tuoi colleghi è un modo semplice ma efficace per stabilire connessioni significative sul posto di lavoro. Essere aperti, cordiali e mostrarsi interessati alle vite e alle esperienze dei colleghi può aiutare a creare un ambiente di fiducia e collaborazione reciproca.

Il fatto di fare amicizia con i colleghi può anche influenzare positivamente il tuo benessere sul posto di lavoro. Essere circondato da persone amichevoli e di supporto può ridurre lo stress e migliorare la tua motivazione e produttività.

Tuttavia, è importante ricordare di mantenere un equilibrio tra vita lavorativa e sociale. Cerca di essere sempre professionale nell'ambiente di lavoro e di rispettare i confini personali dei tuoi colleghi. Inoltre, non essere scoraggiato se non tutti i tuoi colleghi sembrano interessati a fare amicizia. Le persone hanno personalità diverse e alcune possono essere più riservate o concentrate sul lavoro.

Sfrutta i gruppi e le piattaforme online professionali: Utilizza piattaforme professionali come LinkedIn per connetterti con professionisti locali e internazionali nel tuo settore. Partecipa a gruppi online di professionisti che condividono interessi e competenze simili alle tue. Interagisci con gli altri membri del gruppo, partecipa alle discussioni e condividi le tue esperienze. Queste piattaforme offrono l'opportunità di ampliare la tua rete professionale e di connetterti con persone che possono offrirti supporto e consigli nella tua carriera.

Sfruttare il lavoro e il networking professionale come expat offre un'opportunità unica per conoscere persone che condividono le tue passioni e interessi nel tuo campo di lavoro. Partecipare a conferenze, eventi di settore o gruppi di networking ti permette di ampliare la tua rete professionale e di stabilire connessioni con professionisti locali e internazionali. Inoltre, fare amicizia con i colleghi sul posto di lavoro può creare legami sociali significativi e rendere l'ambiente lavorativo più piacevole. Sii proattivo nel fare networking, sfrutta le opportunità disponibili e mantieni un atteggiamento aperto e cordiale verso gli altri professionisti che incontri.

Volontariato - Dedicare Del Tempo A Cause Benefiche O Organizzazioni Locali

Il volontariato rappresenta un'opportunità gratificante per conoscere nuove persone e contribuire alla comunità come expat. Dedicare del tempo a cause benefiche o organizzazioni locali ti permette di mettere le tue competenze e il tuo tempo al servizio degli altri, creando connessioni significative con persone che condividono la tua passione per il volontariato e per il sostegno alle comunità locali. Ecco alcuni suggerimenti su come sfruttare il volontariato per creare connessioni significative come expat.

Identifica le cause che ti interessano: Rifletti sulle cause che ti appassionano e che ti piacerebbe sostenere come volontario. Potresti essere interessato a lavorare con bambini, anziani, animali, l'ambiente, l'istruzione o qualsiasi altra causa benefica. Identifica le organizzazioni locali che si occupano di queste cause e che potrebbero aver bisogno del tuo aiuto.

Ricerca le opportunità di volontariato: Fai una ricerca sulle opportunità di volontariato disponibili nella tua area. Consulta siti web di organizzazioni locali, contatta centri comunitari o associazioni di volontariato per scoprire quali sono le opzioni disponibili. Puoi trovare opportunità di volontariato presso scuole, ospedali, rifugi, associazioni culturali o organizzazioni non governative locali.

Partecipa attivamente come volontario: Una volta individuate le opportunità di volontariato, partecipa attivamente e dedicati con passione alle attività. Sia che tu stia insegnando, aiutando a organizzare eventi, prestando servizio in una mensa per i bisognosi o partecipando a progetti ambientali, impegnati al massimo per fare la differenza. Questo ti permetterà di entrare in contatto con altre persone coinvolte nelle stesse attività di volontariato e di condividere esperienze significative insieme.

Collabora con gli altri volontari: Durante il volontariato, avrai l'opportunità di lavorare a stretto contatto con altri volontari. Collabora con loro, scambia idee, condividi le tue esperienze e impara dagli altri. Questo creerà un senso di appartenenza e ti permetterà di stabilire connessioni solide con persone che condividono la tua dedizione a una causa comune.

Partecipa a eventi e incontri di volontariato: Le organizzazioni di volontariato spesso organizzano eventi, riunioni o feste per i volontari. Partecipa a questi incontri, che spesso offrono l'opportunità di condividere esperienze, fare nuove amicizie e celebrare il lavoro di volontariato svolto insieme.

Mantieni il contatto: Dopo aver completato un'attività di volontariato, mantieni il contatto con le persone che hai incontrato durante il tuo impegno. Scambia contatti, seguili sui social media o partecipa a futuri eventi di volontariato. Il volontariato può essere una fonte continua di connessioni significative, sia con altri volontari che con i beneficiari del tuo impegno.

Il volontariato come expat ti permette di mettere a frutto il tuo tempo e le tue competenze per sostenere una causa benefica e contribuire alla comunità locale. Partecipando attivamente come volontario, potrai creare connessioni con altre persone che condividono la tua passione per il volontariato e la tua dedizione a migliorare il mondo intorno a te. Sfrutta le opportunità di volontariato per fare la differenza e per creare legami significativi con persone che condividono la tua stessa missione.

Social Media - Utilizzare Piattaforme Come Facebook, Meetup O Linkedin Per Connettersi Con Persone Con Interessi Simili

I social media offrono un'ampia gamma di opportunità per connettersi con persone che condividono gli stessi interessi e passioni come expat. Utilizzare piattaforme come Facebook, Meetup o LinkedIn ti permette di espandere la tua rete di contatti, scoprire eventi e gruppi di interesse e stabilire connessioni significative con altre persone. Ecco alcuni suggerimenti su come sfruttare i social media per creare connessioni come expat.

Facebook: Utilizza Facebook per cercare gruppi che si concentrano sugli interessi che ti appassionano. Ci sono gruppi specifici per expat, gruppi di appassionati di fotografia, gruppi di sport, gruppi di cucina e molti altri. Iscriviti ai gruppi che ti interessano e partecipa alle discussioni. Questi gruppi offrono un ambiente virtuale in cui puoi condividere esperienze, fare domande e connetterti con persone che condividono i tuoi interessi.

Meetup: Meetup è una piattaforma eccezionale che consente alle persone di organizzare e partecipare ad eventi locali di tutti i tipi su una vasta gamma di argomenti. La bellezza di Meetup è che tutti i partecipanti sono lì proprio per conoscere nuove persone e condividere interessi comuni, rendendo molto facile fare nuove amicizie.

Dai un'occhiata agli eventi nella tua area che riguardano i tuoi interessi e partecipa a quelli che ti intrigano. Potresti trovare eventi come escursioni, gruppi di lettura, serate di cinema, lezioni di cucina, attività sportive o qualsiasi altra cosa ti appassioni. Indipendentemente dal tuo campo di interesse, ci saranno sicuramente eventi che cattureranno la tua curiosità e ti permetteranno di incontrare persone affini. Partecipando a questi eventi, avrai l'opportunità di incontrare persone con cui condividi interessi comuni e avviare conversazioni in un ambiente informale e accogliente. Questi contesti reali favoriscono il naturale sviluppo di legami amichevoli e rendono più facile connettersi con gli altri.

Inoltre, l'atmosfera inclusiva di Meetup rende più semplice avvicinarsi a nuove persone e rompere eventuali barriere sociali. Non preoccuparti di essere timido o di non conoscere nessuno; tutti sono lì per fare amicizia e condividere esperienze positive.

Con Meetup, hai la possibilità di incontrare persone provenienti da diverse parti del mondo, con culture e background diversi. Questa varietà può arricchire la tua esperienza di vita e offrirti prospettive uniche.

Partecipare a eventi di Meetup è un modo fantastico per conoscere nuove persone con cui condividere interessi e passioni. Sfrutta al massimo questa piattaforma e sarai sorpreso di quanti amici potrai fare e di quanti momenti speciali potrai condividere.

LinkedIn: LinkedIn è una piattaforma professionale che ti consente di connetterti con professionisti locali e internazionali nel tuo campo di lavoro. Crea un profilo professionale accurato e completa le informazioni sulla tua esperienza e competenze. Utilizza LinkedIn per connetterti con colleghi di settore, partecipare a discussioni di gruppo e cercare opportunità di networking professionale. Questa piattaforma può aiutarti a stabilire connessioni significative nel tuo settore e a trovare opportunità di lavoro o di collaborazione.

Instagram e Twitter: Instagram e Twitter sono piattaforme di microblogging e condivisione di foto che consentono di esprimere la tua personalità e i tuoi interessi attraverso immagini e brevi messaggi. Segui persone o account che condividono i tuoi interessi e partecipa alle conversazioni usando gli hashtag correlati. Questo ti permetterà di connetterti con persone che condividono gli stessi interessi e di creare connessioni autentiche.

Partecipa a gruppi e discussioni online: Oltre alle piattaforme specifiche menzionate, cerca gruppi e discussioni online che riguardano i tuoi interessi. Ci sono forum, subreddit e altri spazi virtuali in cui puoi interagire con persone che hanno gli stessi interessi o che si trovano nella tua stessa situazione da expat. Fai domande, condividi le tue esperienze e partecipa alle discussioni per connetterti con persone che condividono la tua passione.

Organizza incontri o eventi tramite i social media: Se hai un interesse particolare o vuoi creare una comunità intorno a un determinato argomento, considera l'opportunità di organizzare incontri o eventi tramite i social media. Puoi creare un evento su Facebook o utilizzare Meetup per invitare persone che condividono il tuo interesse a partecipare a un incontro, a una serata tematica o a un'attività di gruppo. Questo ti permetterà di connetterti con persone con interessi simili e di creare un ambiente sociale attorno ai tuoi hobby o passioni.

Utilizzare i social media come Facebook, Meetup, LinkedIn e altre piattaforme ti offre una vasta gamma di opportunità per connetterti con persone che condividono i tuoi interessi e passioni come expat. Sfrutta queste piattaforme per cercare gruppi, partecipare a eventi, condividere le tue esperienze e creare connessioni significative con altre persone. Tuttavia, ricorda di utilizzare i social media in modo consapevole, rispettoso e attento alla tua privacy e sicurezza online.

In aggiunta ai suggerimenti precedenti, vale la pena menzionare le dating app come Bumble e Tinder come potenziale opzione per fare nuove amicizie come expat. Sebbene queste app siano principalmente utilizzate per incontri romantici, alcune offrono funzionalità specifiche che consentono di cercare amicizie e connessioni platoniche.

Bumble, ad esempio, ha una funzione chiamata

"Bumble Friends" che consente agli utenti di cercare amicizie senza coinvolgimenti romantici. Puoi creare un profilo su Bumble Friends e indicare che sei interessato solo a fare amicizia. Questo ti permette di connetterti con persone che sono aperte a stabilire nuove amicizie e condividere interessi comuni.

Tinder, d'altra parte, è noto principalmente come un'app di incontri romantici, ma molti utenti la utilizzano anche per conoscere nuove persone e fare amicizie. Puoi impostare le tue preferenze di ricerca per indicare che sei interessato solo a fare amicizia e stabilire connessioni platoniche. Tuttavia, tieni presente che la maggior parte degli utenti su Tinder potrebbe essere orientata verso gli incontri romantici, quindi potresti dover comunicare chiaramente le tue intenzioni fin dall'inizio.

Quando utilizzi queste app per cercare amicizie, ricorda di essere chiaro nelle tue intenzioni e di comunicare apertamente con le persone che incontri. Fai domande sulla loro vita, interessi e obiettivi per stabilire se c'è un'opportunità di creare un'amicizia significativa. Come sempre, mantieni la tua sicurezza online come priorità e sii consapevole degli aspetti di privacy e sicurezza quando utilizzi app di incontri.

Le dating app possono rappresentare un'opzione aggiuntiva per ampliare la tua rete di contatti e fare nuove amicizie come expat. Tuttavia, è importante considerarle come uno strumento in più tra le molteplici modalità per conoscere persone, come quelle menzionate in precedenza nel capitolo. Cerca di bilanciare l'uso delle app di incontri con altre opportunità di socializzazione offerte dalla comunità locale, attività di gruppo, volontariato e networking professionale per ottenere una varietà di connessioni significative come expat.

Fare Amicizia Con I Coinquilini - Avvicinarsi Ai Coinquilini, Organizzare Eventi Comunitari Informali

Vivere con dei coinquilini può offrire un'opportunità unica per fare amicizia come expat e creare un ambiente conviviale all'interno della tua residenza. Condividere lo stesso spazio abitativo crea un'interazione quotidiana e offre numerose possibilità per socializzare e stabilire connessioni significative. Ecco alcuni suggerimenti su come fare amicizia con i tuoi coinquilini.

Crea un ambiente aperto e accogliente: Fin dall'inizio, cerca di creare un ambiente aperto e accogliente all'interno della tua residenza. Mostra cordialità e disponibilità, e sii aperto a interagire con i tuoi coinquilini. Invita alla collaborazione e al rispetto reciproco, creando uno spazio in cui tutti si sentano a proprio agio e supportati.

Organizza eventi comunitari informali: Per favorire l'interazione tra i coinquilini, organizza eventi comunitari informali all'interno della tua residenza. Puoi organizzare una serata di giochi, una cena condivisa o una serata film. Questi eventi offrono l'opportunità di condividere momenti di svago e di socializzare con i tuoi coinquilini.

Crea spazi di socializzazione: Se lo spazio lo permette, cerca di creare delle aree comuni dedicate alla socializzazione all'interno della residenza. Puoi creare un angolo relax, un tavolo per i pasti in comune o un'area per lo studio condiviso. Questi spazi favoriscono l'interazione e offrono opportunità per condividere esperienze e creare legami con i tuoi coinquilini.

Organizza una cena rotante o una serata di cucina condivisa: Una delle attività più sociali è la condivisione di un pasto. Organizza una cena rotante in cui ogni coinquilino prepara un pasto e lo condivide con gli altri. In alternativa, puoi organizzare una serata di cucina condivisa in cui tutti cucinano insieme una pietanza. Queste attività promuovono la condivisione di esperienze culinarie e offrono l'opportunità di conoscere meglio i tuoi coinquilini.

Comunica e risolvi eventuali problemi: La comunicazione aperta e la gestione efficace dei conflitti sono fondamentali per mantenere un ambiente armonioso con i tuoi coinquilini. Stabilisci canali di comunicazione aperti e rispettosi, in modo da poter affrontare eventuali problemi o preoccupazioni in modo costruttivo. La capacità di affrontare le difficoltà in modo aperto e di lavorare insieme per trovare soluzioni contribuirà a mantenere una buona convivenza e a rafforzare i rapporti con i tuoi coinquilini.

Partecipa alle attività condivise: Se ci sono attività o impegni condivisi all'interno della residenza, partecipa attivamente. Ad esempio, se ci sono pulizie o lavori di manutenzione da fare, offri il tuo aiuto. Questo dimostra il tuo impegno verso la convivenza e crea un senso di collaborazione con i tuoi coinquilini.

Rispetta la privacy e gli spazi personali: È importante rispettare la privacy e gli spazi personali dei tuoi coinquilini. Assicurati di rispettare le regole stabilite all'interno della residenza, come gli orari di silenzio o le politiche sulle visite. Mantenere un equilibrio tra interazione sociale e rispetto della privacy è essenziale per mantenere un ambiente armonioso.

Fare amicizia con i coinquilini offre l'opportunità di creare una rete di supporto e di condividere esperienze quotidiane come expat. Crea un ambiente aperto e accogliente, organizza eventi comunitari informali e partecipa alle attività condivise all'interno della residenza. La condivisione dello spazio abitativo offre molte opportunità per stabilire connessioni significative e creare un ambiente conviviale.

CAPITOLO 3: ROMPERE IL GHIACCIO

Svelare Il Potere Del Sorriso - L'importanza Della Gentilezza E Dell'apertura

Il sorriso è un potente strumento sociale che può aprire le porte a nuove connessioni e creare un'atmosfera positiva e accogliente. Come expat, svelare il potere del sorriso diventa ancora più importante per rompere il ghiaccio e stabilire legami significativi con le persone che incontri nella tua nuova comunità. Ecco perché la gentilezza e l'apertura svolgono un ruolo fondamentale.

Creare un'atmosfera accogliente: Il sorriso è un segnale non verbale di apertura e accoglienza. Quando incontri nuove persone, sia che siano vicini di casa, colleghi o sconosciuti, un sorriso sincero può creare un'atmosfera di benvenuto e mettere gli altri a proprio agio. La gentilezza e l'apertura manifestate attraverso un sorriso possono rompere l'eventuale tensione iniziale e facilitare il dialogo e la connessione.

Mostrare interesse per gli altri: Un sorriso è anche un modo per dimostrare interesse e attenzione verso gli altri. Quando incontri qualcuno, sii genuinamente interessato alla sua storia, alle sue esperienze e ai suoi punti di vista. Fai domande e ascolta attentamente le risposte. Mostrare una sincera curiosità e interesse per gli altri crea un senso di connessione e permette di avviare conversazioni significative.

Rompere la barriera linguistica e culturale: Come expat, potresti trovarti in un ambiente in cui la lingua e la cultura sono diverse dalla tua. In questo contesto, il sorriso diventa un linguaggio universale che può superare le barriere linguistiche e culturali. Anche se non parli bene la lingua locale, un sorriso può comunicare gentilezza, rispetto e disponibilità. Il sorriso ti permette di connetterti con le persone a un livello emotivo, creando un terreno comune per instaurare un rapporto più profondo.

Generare positività e buon umore: Il sorriso ha il potere di generare positività e buon umore, sia in te che negli altri. Quando mostri un sorriso, diffondi energia positiva nell'ambiente circostante e invii un segnale che sei aperto a interazioni positive. Questo crea un ciclo virtuoso in cui le persone tendono ad avvicinarsi a te, aumentando le possibilità di fare nuove amicizie e connessioni significative.

Mostrare apprezzamento e gratitudine: Un sorriso è anche un modo per esprimere apprezzamento e gratitudine. Quando qualcuno fa qualcosa di gentile per te o ti aiuta, un sorriso può essere un modo per mostrare il tuo riconoscimento. La gentilezza e l'apertura manifestate attraverso il sorriso creano un ambiente di reciproco sostegno e apprezzamento, favorendo la creazione di rapporti di fiducia e di amicizia.

Rivelare il potere del sorriso come expat è fondamentale per rompere il ghiaccio e creare connessioni significative con le persone che incontri nella tua nuova comunità. Mostrare gentilezza, apertura e un sorriso sincero crea un'atmosfera accogliente e positiva, facilitando il dialogo e l'interazione con gli altri. Ricorda che il sorriso è un linguaggio universale che supera le barriere culturali e linguistiche, e che può generare positività e gratitudine. Utilizza il potere del sorriso come strumento per creare connessioni autentiche e stabilire relazioni significative.

Le Abilità Della Conversazione - Imparare A Fare Domande Pertinenti E Mostrare Interesse

Le abilità della conversazione sono fondamentali per stabilire connessioni significative con le persone che incontri come expat. Imparare a fare domande pertinenti e mostrare interesse autentico verso gli altri può creare un clima di scambio reciproco e permettere di approfondire le relazioni. Ecco alcuni suggerimenti su come sviluppare queste abilità e rendere le tue conversazioni più significative.

Ascolta attentamente: L'ascolto attivo è la base di una buona conversazione. Quando interagisci con gli altri, fai uno sforzo per ascoltare attentamente ciò che dicono. Evita di interrompere o di pensare a cosa dire successivamente mentre l'altra persona sta parlando. Mostra un interesse sincero per ciò che stanno dicendo e assicurati di comprendere ciò che vogliono comunicare.

Fai domande aperte: Le domande aperte sono domande che richiedono risposte più elaborate e incoraggiano l'altra persona a condividere i propri pensieri e le proprie esperienze. Evita domande che possono essere risposte con un semplice "sì" o "no". Ad esempio, invece di chiedere "Hai trascorso una buona giornata?", prova con domande come "Qual è stata la cosa più interessante che ti è successa oggi?" o "Come hai trascorso il tuo tempo libero recentemente?". Queste domande offrono spunti per conversazioni più approfondite e permettono di conoscere meglio gli altri.

Mostra interesse genuino: Mostra un interesse autentico per ciò che l'altra persona sta dicendo. Fai domande di approfondimento basate su ciò che hanno condiviso. Ad esempio, se parlano di un viaggio che hanno fatto, potresti chiedere loro cosa hanno apprezzato di più dell'esperienza o se hanno avuto qualche sfida durante il viaggio. Questo dimostra che sei sinceramente interessato a comprendere le loro esperienze e a stabilire un legame più profondo.

Evita di monopolizzare la conversazione: Durante una conversazione, cerca di trovare un equilibrio tra parlare e ascoltare. Evita di monopolizzare la conversazione parlando di te stesso senza dare spazio agli altri. Fai domande e lascia che gli altri esprimano le loro opinioni e le loro esperienze. La conversazione diventa più significativa quando c'è uno scambio reciproco di informazioni e idee.

Sii autentico e onesto: Mostra la tua vera personalità durante le conversazioni. Sii onesto nel condividere le tue opinioni e le tue esperienze. L'autenticità crea un ambiente di fiducia e permette agli altri di connettersi con te su un livello più profondo. Evita di fingere o di cercare di adattarti troppo alle aspettative degli altri. Essere te stesso ti aiuterà a trovare persone che si connettono veramente con te.

Mostra empatia: La capacità di mettersi nei panni degli altri e comprendere le loro prospettive è un elemento chiave per una buona conversazione. Mostra empatia verso le esperienze e le emozioni degli altri. Fai domande che consentono loro di esprimere le loro opinioni e di condividere le loro esperienze in modo più profondo. Questo creerà un legame di comprensione reciproca e permetterà di stabilire relazioni più autentiche.

Sviluppare le abilità della conversazione richiede pratica e impegno costante. Tuttavia, una volta che acquisisci queste competenze, sarai in grado di avere conversazioni più significative e di stabilire connessioni più profonde con le persone che incontri come expat. Ricorda di ascoltare attentamente, fare domande pertinenti, mostrare interesse genuino, essere autentico, mostrare empatia e trovare un equilibrio tra parlare e ascoltare. Questi elementi contribuiranno a creare un clima di scambio reciproco e a facilitare il processo di fare amicizia come expat.

Esplorare Hobby E Interessi Comuni - Sfruttare Le Attività Di Gruppo Per Incontrare Persone Affini

Esplorare hobby e interessi comuni è un modo efficace per fare amicizia come expat. Partecipare a attività di gruppo che ruotano attorno ai tuoi interessi ti mette in contatto con persone che condividono la stessa passione, creando una base solida per connessioni significative. Ecco come sfruttare le attività di gruppo per incontrare persone affini.

Identifica i tuoi hobby e interessi: Inizia identificando i tuoi hobby e interessi. Chiediti cosa ti appassiona e cosa ti piace fare nel tuo tempo libero. Può essere qualsiasi cosa, dalla pittura alla danza, dallo sport alla lettura. Una volta che hai individuato i tuoi interessi, sarai in grado di cercare attività di gruppo che li coinvolgono.

Ricerca attività di gruppo locali: Fai una ricerca sulle attività di gruppo locali che corrispondono ai tuoi interessi. Queste possono includere corsi, lezioni, club, gruppi di discussione o di lettura, squadre sportive amatoriali e altro ancora. Sfrutta le risorse locali come siti web, annunci comunitari o segnalazioni da parte di altri expat per trovare attività di gruppo che potrebbero interessarti.

Partecipa a corsi o lezioni: Iscriviti a corsi o lezioni che riguardano i tuoi interessi. Potrebbe essere un corso di cucina, una lezione di yoga, un corso di lingua o un workshop artistico. Questi corsi non solo ti permettono di imparare qualcosa di nuovo, ma ti mettono anche in contatto con persone che hanno un interesse simile. Approfitta del momento delle pause o dei momenti di interazione per avviare conversazioni con gli altri partecipanti e stabilire connessioni.

Unisciti a club o gruppi di discussione: Partecipa a club o gruppi di discussione che trattano argomenti di tuo interesse. Potrebbe essere un club del libro, un gruppo di appassionati di cinema, un gruppo di escursionismo o qualsiasi altro gruppo che si concentra su ciò che ti appassiona. Questi gruppi offrono l'opportunità di incontrare regolarmente persone con interessi simili, condividere opinioni, esperienze ed eventualmente organizzare attività insieme.

Partecipa a eventi e incontri tematici: Cerca eventi o incontri tematici che si svolgono nella tua comunità e che riguardano i tuoi interessi. Potrebbe essere una fiera dell'artigianato, una conferenza su un argomento specifico o un raduno per gli appassionati di musica. Partecipare a questi eventi ti mette in contatto con persone che condividono la tua passione e offre un'opportunità per interagire e fare nuove conoscenze.

Sii aperto a nuove esperienze: Mentre esplori hobby e interessi comuni, sii aperto a nuove esperienze e connessioni. Potresti incontrare persone provenienti da diverse sfere culturali o professionali, che possono arricchire la tua vita e offrirti nuove prospettive. Sii aperto a condividere le tue esperienze e ad apprendere dalle esperienze degli altri.

Esplorare hobby e interessi comuni attraverso attività di gruppo serve ad offrire un terreno fertile per fare amicizia come expat. Partecipare a corsi, club o eventi tematici ti mette in contatto con persone che condividono la tua passione e crea un'opportunità per avviare conversazioni e stabilire connessioni significative. Sii aperto a nuove esperienze e non temere di allargare i tuoi orizzonti. Ricorda che le attività di gruppo offrono un ambiente confortevole in cui puoi condividere le tue passioni e interessi con altre persone che le apprezzano. Mentre partecipi a queste attività, cerca di essere coinvolto e attivo, mostrando genuino interesse per gli altri e contribuendo alla dinamica del gruppo.

Durante le attività di gruppo, cerca di fare domande pertinenti agli altri partecipanti per approfondire la conoscenza reciproca. Chiedi loro cosa li ha attratti verso l'attività, quali sono le loro esperienze passate o cosa sperano di ottenere da quella particolare esperienza. Queste domande ti permettono di avviare conversazioni significative e di scoprire affinità comuni.

Inoltre, mostra apprezzamento e supporto verso gli altri partecipanti. Riconosci i loro sforzi e complimentati con loro per i progressi che fanno nel loro percorso. Mostrare un atteggiamento positivo e di sostegno contribuisce a creare un ambiente accogliente e favorisce la creazione di connessioni più solide.

Infine, ricorda che le attività di gruppo possono essere un trampolino di lancio per ulteriori interazioni e relazioni. Se trovi persone con cui hai affinità durante un'attività, cerca di estendere l'invito a momenti di socializzazione informale come una pausa caffè o un'uscita dopo l'attività. Questi momenti più informali offrono l'opportunità di approfondire le connessioni e di creare legami più stretti.

Esplorare hobby e interessi comuni tramite attività di gruppo ti consente di connetterti con persone che condividono la tua passione e creare un terreno fertile per fare amicizia come expat. Sii aperto, coinvolto e genuinamente interessato agli altri partecipanti. Attraverso domande pertinenti, supporto reciproco e momenti di socializzazione informale, potrai stabilire connessioni significative che potrebbero trasformarsi in amicizie durature.

CAPITOLO 4: COSTRUIRE RAPPORTI AUTENTICI

Essere Autentici - Mostrare La Tua Vera Personalità E Condividere Esperienze Personali

Essere autentici è fondamentale per costruire rapporti autentici e significativi come expat. Mostrare la tua vera personalità e condividere esperienze personali crea un terreno di fiducia e connessione con gli altri. Ecco come puoi essere autentico e creare relazioni sincere.

Conosci te stesso: Prima di tutto, prenditi il tempo per conoscere te stesso. Rifletti sui tuoi valori, passioni, interessi e obiettivi. Comprendi ciò che ti rende unico come individuo. Essere consapevole di te stesso ti aiuterà a mostrare la tua vera personalità agli altri.

Sii vero e onesto: Mostra agli altri chi sei veramente. Sii onesto riguardo alle tue opinioni, sentimenti ed esperienze. Evita di mascherare la tua personalità o di cercare di adattarti a ciò che pensi che gli altri vogliano vedere. Essere autentico significa essere fedele a te stesso e mostrare il tuo vero io.

Condividi esperienze personali: Condividi esperienze personali con gli altri quando appropriato. Racconta storie della tua vita, viaggi, sfide superate o momenti significativi che hanno contribuito a formare la persona che sei oggi. Questa condivisione aperta ti permette di creare connessioni più profonde con gli altri, poiché condividere esperienze personali crea un terreno di empatia e comprensione reciproca.

Sii vulnerabile: La vulnerabilità è una parte importante dell'autenticità. Sii disposto ad aprirti agli altri e a mostrare le tue debolezze, paure e desideri. Questo crea un ambiente di fiducia e permette agli altri di aprirsi a loro volta. La vulnerabilità reciproca porta a una connessione più autentica e intima.

Accetta te stesso e gli altri: Accetta te stesso per ciò che sei, con tutti i tuoi pregi e difetti. Allo stesso modo, accetta gli altri per la loro unicità. Non giudicare o criticare, ma cerca di comprendere e rispettare le differenze. Essere aperti e accoglienti verso gli altri come sono crea un ambiente in cui tutti possono essere autentici senza paura di essere giudicati.

Coltiva interessi personali: Continua a coltivare i tuoi interessi personali e impegnati nelle attività che ti appassionano. Questo ti permette di mantenere la tua autenticità e di incontrare persone che condividono le tue passioni. Partecipare a queste attività ti mette in contatto con individui che potrebbero avere interessi simili e offre l'opportunità di connetterti su un livello più profondo.

Ascolta gli altri con attenzione: Mostra un autentico interesse per gli altri, ascoltando attentamente ciò che hanno da dire. Sii presente nel momento e fai domande pertinenti per approfondire la conversazione. Mostrare una vera curiosità per gli altri contribuisce a costruire relazioni sincere e significative.

Essere autentici richiede coraggio e impegno, ma le relazioni che si sviluppano sulla base dell'autenticità sono le più soddisfacenti e durature. Mostra la tua vera personalità, condividi esperienze personali, sii vulnerabile e accetta te stesso e gli altri. Coltiva i tuoi interessi personali e ascolta gli altri con attenzione. Questi passi ti aiuteranno a creare relazioni autentiche e significative come expat.

L'arte Dell'ascolto Attivo - Imparare A Dare Spazio Agli Altri E Comprendere Le Loro Prospettive

L'arte dell'ascolto attivo è una competenza fondamentale per costruire relazioni autentiche come expat. Imparare a dare spazio agli altri, ascoltare attentamente e comprendere le loro prospettive crea un ambiente di fiducia e connessione. Ecco alcuni suggerimenti su come sviluppare l'arte dell'ascolto attivo.

Focalizzati sull'altro: Quando interagisci con gli altri, metti da parte le distrazioni e focalizza la tua attenzione su di loro. Elimina le distrazioni come il telefono o altre attività che potrebbero impedirti di ascoltare attentamente. Mostra interesse per ciò che l'altra persona sta dicendo e dedica il tuo tempo ed energia a comprendere la sua prospettiva.

Pratica l'ascolto empatico: L'ascolto empatico significa mettersi nei panni dell'altra persona e cercare di comprendere le sue emozioni, esperienze e punti di vista. Cerca di capire come si sente e di condividere il suo punto di vista senza giudizio. Mostrare empatia verso gli altri crea un senso di comprensione e connessione.

Fai domande di approfondimento: Per

dimostrare interesse e approfondire la conversazione, fai domande di approfondimento. Queste domande mostrano che sei impegnato nella conversazione e desideri conoscere ulteriori dettagli o opinioni. Ad esempio, puoi chiedere: "Puoi spiegarmi meglio cosa intendi?", "Come ti ha fatto sentire quella situazione?" o "Quali sono le tue motivazioni dietro questa decisione?".

Sii paziente e lascia spazio agli altri: Mostra pazienza durante le conversazioni e lascia spazio agli altri per esprimersi. Evita di interrompere o di finire le frasi delle altre persone. Lascia che completino il loro pensiero prima di rispondere. Rispettare il tempo e lo spazio degli altri nell'esprimere se stessi crea un ambiente di rispetto reciproco.

Ripeti e riepiloga: Per dimostrare che stai ascoltando attentamente e per evitare malintesi, ripeti periodicamente ciò che hai compreso e riepiloga le idee principali dell'altra persona. Ad esempio, puoi dire: "Quindi, se ho capito bene, tu pensi che..." o "Mi sembra che tu stia dicendo che...". Questo conferma che stai ascoltando e che desideri comprendere appieno il punto di vista dell'altra persona.

Evita di giudicare o interrompere: Durante le conversazioni, cerca di evitare di giudicare o di interrompere l'altra persona. Ascolta senza pregiudizi e riserva il tuo giudizio. Consentire all'altra persona di esprimersi liberamente crea un ambiente sicuro e favorisce la condivisione aperta di idee e esperienze.

Mostra il tuo sostegno e apprezzamento: Mentre ascolti gli altri, mostra il tuo sostegno e apprezzamento. Usa espressioni facciali, linguaggio del corpo e parole che indicano che stai prendendo sul serio ciò che dicono. Ad esempio, puoi sorridere, annuire o dire: "Apprezzo davvero che tu abbia condiviso questo con me" o "Mi sembra di poter imparare molto da te".

Sviluppare l'arte dell'ascolto attivo richiede pratica e impegno costante. Tuttavia, una volta che acquisisci questa competenza, sarai in grado di creare conversazioni più significative e connessioni più profonde con gli altri come expat. Focalizzati sull'altro, pratica l'ascolto empatico, fai domande di approfondimento e lascia spazio agli altri per esprimersi. Ripeti e riepiloga per evitare malintesi, evita di giudicare o interrompere e mostra sostegno e apprezzamento. Questi elementi contribuiranno a creare un ambiente di fiducia e connession e permetteranno di costruire relazioni autentiche basate sulla comprensione reciproca. L'arte dell'ascolto attivo è una forma di rispetto e cura verso gli altri, dimostrando loro che le loro parole sono importanti e che hai interesse genuino per ciò che hanno da dire.

Ricorda che l'ascolto attivo non riguarda solo le parole, ma anche il linguaggio del corpo e le espressioni facciali. Mantieni un contatto visivo appropriato e mostra un atteggiamento aperto e interessato. Usa il tuo linguaggio del corpo per trasmettere empatia e coinvolgimento, come inclinarti leggermente verso la persona che parla e assumere un'espressione facciale rassicurante.

Sii consapevole delle tue proprie reazioni emotive mentre ascolti gli altri. Cerca di rimanere calmo e aperto, evitando di lasciarti travolgere dalle tue opinioni personali o dalle emozioni che emergono durante la conversazione. Questo ti permetterà di mantenere un atteggiamento obiettivo e di comprendere appieno il punto di vista dell'altra persona.

L'ascolto attivo non solo favorisce il legame con gli altri, ma ti permette anche di apprendere nuove prospettive e ampliare la tua conoscenza del mondo che ti circonda. Ogni individuo ha un bagaglio di esperienze unico e prezioso da condividere, e l'ascolto attivo ti offre l'opportunità di arricchire la tua comprensione del mondo e di sviluppare relazioni significative.

Sviluppare l'arte dell'ascolto attivo ti permette di creare un ambiente di fiducia e comprensione, favorendo la costruzione di relazioni autentiche come expat. Focalizzati sull'altro, pratica l'ascolto empatico, fai domande di approfondimento e mostra sostegno e apprezzamento. Ricorda di essere paziente, evita di giudicare e mostra il tuo interesse genuino per ciò che gli altri hanno da dire. L'ascolto attivo è un dono che puoi offrire agli altri e che contribuirà a rendere le tue relazioni più significative e appaganti.

Coltivare L'empatia - Comprendere E Rispettare Le Differenze Culturali

Coltivare l'empatia è fondamentale per costruire relazioni autentiche e significative come expat. La capacità di comprendere e rispettare le differenze culturali è essenziale per stabilire connessioni sincere e profonde con le persone provenienti da background culturali diversi. Ecco come puoi sviluppare l'empatia e promuovere l'inclusione culturale.

Approfondisci la tua consapevolezza culturale: Inizia approfondendo la tua conoscenza delle diverse culture presenti nel paese ospitante. Studia le tradizioni, i valori, le abitudini e le norme culturali specifiche. Riconosci che le persone potrebbero vedere il mondo in modi diversi a causa delle loro radici culturali, e sii aperto a esplorare e comprendere queste differenze.

Sii curioso e fai domande: Mostra interesse per la cultura degli altri e chiedi loro di condividere le loro esperienze e le loro tradizioni. Fai domande aperte che permettano loro di spiegare le loro prospettive e di condividere informazioni sulla loro cultura. Questo non solo ti aiuterà a comprendere meglio il loro punto di vista, ma dimostrerà anche che sei sinceramente interessato a imparare.

Abbi rispetto per le differenze: Accetta e rispetta le differenze culturali che incontri. Riconosci che ciò che potrebbe sembrarti strano o incomprensibile potrebbe avere un significato profondo nella cultura dell'altra persona. Evita di giudicare o criticare le pratiche culturali diverse dalle tue, e sii aperto a imparare e ad adattarti a nuove prospettive.

Pratica l'ascolto empatico: L'empatia è fondamentale per comprendere le esperienze e le prospettive degli altri. Mettiti nei loro panni e cerca di capire come si sentono e cosa provano. L'ascolto empatico ti permette di connetterti su un livello più profondo e di creare un ambiente di rispetto reciproco.

Sii consapevole del linguaggio e delle differenze comunicative: Le differenze linguistiche e comunicative possono creare barriere nella comprensione reciproca. Sii paziente e rispettoso durante le conversazioni, e cerca di adattarti alla velocità e allo stile di comunicazione degli altri. Sforzati di comunicare chiaramente e di essere comprensibile anche se non parli la lingua locale in modo fluente.

Mostra apertura e disponibilità all'apprendimento: Mostra apertura mentale e disponibilità all'apprendimento continuo. Riconosci che c'è sempre qualcosa di nuovo da scoprire e imparare dalle culture degli altri. Sii disposto ad adattarti e a modificare le tue prospettive quando incontri idee e pratiche diverse.

Coltivare l'empatia verso le differenze culturali richiede impegno e consapevolezza costante. Tuttavia, una volta che sviluppi questa capacità, sarai in grado di stabilire connessioni autentiche e significative con persone provenienti da background culturali diversi. Approfondisci la tua consapevolezza culturale, fai domande e mostra rispetto per le differenze. Pratica l'ascolto empatico, sii consapevole del linguaggio e delle differenze comunicative, partecipa ad eventi culturali e mostra apertura all'apprendimento. Questi elementi ti aiuteranno a promuovere l'inclusione culturale e a costruire relazioni autentiche e significative come expat.

CAPITOLO 5:SUPERARE LE SFIDE

Il Senso Di Solitudine - Affrontare I Momenti Difficili E Cercare Supporto

Il senso di solitudine è una sfida comune per gli expat, soprattutto durante i primi periodi di adattamento in un nuovo paese. Tuttavia, è possibile affrontare questo sentimento e trovare il supporto necessario per superarlo. Ecco alcune strategie per gestire il senso di solitudine e cercare connessioni significative.

Riconosci e accetta i tuoi sentimenti: Capire che è normale sentirsi solo o isolato in un ambiente nuovo ti aiuterà a non giudicare te stesso per queste emozioni. Accetta che la solitudine fa parte dell'esperienza di essere un expat e che puoi fare qualcosa per affrontarla.

Sfrutta le risorse online: Partecipa a gruppi di expat online o forum dedicati alla tua comunità locale. Qui potrai condividere le tue esperienze, fare domande e trovare sostegno da persone che stanno vivendo situazioni simili.

Cerca comunità locali: Partecipa ad eventi sociali, incontri culturali o attività comunitarie. Questi incontri possono offrirti l'opportunità di incontrare persone locali e stabilire connessioni autentiche.

Partecipa a gruppi di interesse: Unisciti a club o gruppi che si concentrano su interessi specifici che condividi. Potrai incontrare persone con cui condividi passione e interesse, facilitando la creazione di nuove amicizie.

Sviluppa le tue abilità sociali: Sii aperto, cordiale e disponibile ad ascoltare gli altri. Mostra interesse per le loro storie e per ciò che hanno da condividere. Coltiva la gentilezza e l'empatia come atteggiamenti che possono aiutarti a connetterti con gli altri.

Cerca supporto professionale o terapeutico: Se il senso di solitudine persiste, considera di cercare supporto professionale o terapeutico per esplorare le cause profonde della tua solitudine e fornirti strumenti per affrontarla in modo sano ed efficace.

Sii paziente con te stesso: Affrontare il senso di solitudine richiede tempo e pazienza. Sii gentile e paziente con te stesso, e non ti scoraggi se le connessioni non si sviluppano immediatamente.

Affrontare il senso di solitudine come expat può essere un processo sfidante, ma con determinazione e impegno puoi superarlo. Sfrutta le risorse online, cerca connessioni nella tua comunità locale e partecipa a gruppi di interesse. Sviluppa le tue abilità sociali, considera il supporto professionale se necessario e sii paziente con te stesso. Con il tempo, potrai creare relazioni significative e trovare un senso di appartenenza nel tuo nuovo ambiente.

Affrontare Le Barriere Linguistiche - Trovare Modi Creativi Per Comunicare E Imparare La Lingua Locale

Affrontare le barriere linguistiche è una sfida comune per gli expat che si trasferiscono in un paese con una lingua diversa. Sebbene l'inglese sia ampiamente diffuso come lingua internazionale, può accadere che non sia sufficiente per affrontare tutte le situazioni quotidiane e stabilire connessioni significative. Ecco alcune strategie per affrontare le barriere linguistiche e imparare la lingua locale.

Immergiti nella lingua locale: L'immersione nella lingua locale è fondamentale per sviluppare competenze linguistiche solide. Cerca di esporre te stesso alla lingua il più possibile, sia attraverso conversazioni con persone locali, sia attraverso l'ascolto di musica, la visione di film o la lettura di libri nella lingua locale. Questo ti permetterà di familiarizzare con le sfumature e le peculiarità della lingua, migliorando la tua comprensione e la tua capacità di comunicare efficacemente.

Prendi lezioni di lingua: Considera di frequentare corsi di lingua o di prendere lezioni private. Un insegnante qualificato può guidarti nell'apprendimento della lingua e fornirti le basi necessarie per comunicare. Le lezioni strutturate ti aiuteranno a sviluppare un solido fondamento grammaticale e a praticare la conversazione con altri studenti.

Utilizza applicazioni e risorse online: Sfrutta le numerose applicazioni e risorse online disponibili per imparare la lingua. Oltre alle app mobili, ci sono siti web, forum e gruppi di discussione dedicati all'apprendimento delle lingue straniere. Puoi utilizzare queste risorse per esercitarti nelle diverse abilità linguistiche, come la comprensione orale, la lettura e la scrittura.

Pratica la conversazione con i locali: Metti in

pratica le tue abilità linguistiche conversando con persone locali. Sebbene all'inizio possa essere intimidatorio, cerca di superare la paura di commettere errori e di metterti in gioco. Molte persone saranno felici di aiutarti e apprezzeranno il tuo impegno nel cercare di imparare la loro lingua. Non aver paura di fare errori, poiché è attraverso gli errori che si impara e si migliora.

Fai uso di gesti e espressioni non verbali: Quando la lingua diventa un ostacolo, puoi utilizzare gesti, espressioni facciali e linguaggio del corpo per comunicare. Anche se potresti non essere in grado di esprimerti completamente con le parole, il linguaggio non verbale può aiutarti a trasmettere i tuoi pensieri e capire gli altri. Sii consapevole dell'importanza della comunicazione non verbale e impara a leggere e interpretare i segnali dei tuoi interlocutori.

Cerca gruppi di scambio linguistico: Partecipa a gruppi di scambio linguistico in cui le persone si incontrano per praticare le lingue straniere. Queste opportunità ti permettono di incontrare persone interessate a imparare la tua lingua madre e di fare scambi linguistici reciprocamente. In questo modo, potrai migliorare le tue abilità linguistiche e allo stesso tempo aiutare gli altri a migliorare le loro competenze nella tua lingua.

Sii paziente con te stesso: Imparare una nuova lingua richiede tempo, impegno e pratica costante. Non essere troppo duro con te stesso se fai errori o se impieghi più tempo del previsto per imparare. Accetta che far parte del processo di apprendimento e cerca di apprezzare i progressi che fai lungo il percorso. Mantieni una mentalità aperta, sperimenta diverse strategie di apprendimento e trova ciò che funziona meglio per te.

Affrontare le barriere linguistiche può richiedere sforzo e dedizione, ma attraverso l'immersione nella lingua locale, lezioni di lingua, l'uso di risorse online, la pratica della conversazione con i locali, l'uso di gesti e linguaggio non verbale, la partecipazione a gruppi di scambio linguistico e la pazienza con te stesso, potrai superare queste sfide e sviluppare la tua capacità di comunicare efficacemente nella lingua locale.

Gestire Le Differenze Culturali - Navigare Tra Le Diversità Per Stabilire Relazioni Solide

La gestione delle differenze culturali è un aspetto cruciale per gli expat che cercano di stabilire relazioni solide nel loro nuovo ambiente. Ogni cultura ha le proprie tradizioni, valori e norme sociali, e comprendere e rispettare queste differenze è fondamentale per creare connessioni significative. Ecco alcune strategie per gestire le differenze culturali e stabilire relazioni solide.

Sviluppa la consapevolezza culturale: Investi tempo ed energia nello studio e nella comprensione della cultura del paese ospitante. Familiarizzati con le sue tradizioni, i suoi valori, le sue norme sociali e le sue abitudini. Riconosci che le differenze culturali possono influenzare la comunicazione, le aspettative sociali e le dinamiche relazionali.

Sii aperto e flessibile: Mostra apertura mentale e disponibilità ad adattarti alle nuove prospettive culturali. Sii disposto a mettere in discussione le tue convinzioni e a considerare punti di vista diversi. Lasciati guidare dalla curiosità e dall'interesse per imparare dagli altri, piuttosto che basare le tue interazioni sulla presunzione o sul giudizio.

Pratica l'ascolto attivo: L'ascolto attivo è un'abilità fondamentale per comprendere le esperienze e le prospettive degli altri. Dedica attenzione e interesse quando le persone ti parlano della loro cultura, delle loro tradizioni o delle loro esperienze personali. Fai domande per approfondire la tua comprensione e mostra empatia verso le loro esperienze.

Rispetta le differenze: Mostra rispetto per

le differenze culturali che incontri. Riconosci che ciò che potrebbe sembrarti strano o incomprensibile può avere un significato profondo nella cultura dell'altra persona. Evita di giudicare o criticare le pratiche culturali diverse dalle tue e sii aperto a imparare e ad adattarti a nuove prospettive.

Comunica in modo chiaro e diretto: Quando ti confronti con differenze culturali, cerca di comunicare in modo chiaro e diretto. Cerca di evitare ambiguità o malintesi che possono derivare da differenze culturali nella comunicazione indiretta o implicita. Sii aperto a chiedere spiegazioni o a fornire chiarimenti quando necessario.

Crea connessioni attraverso l'interesse reciproco: Trova punti in comune con le persone che incontri, indipendentemente dalla loro cultura di provenienza. Focalizzati sugli interessi, hobby o passioni che condividete. Questi interessi comuni possono servire da base per creare connessioni autentiche e superare le barriere culturali.

Sii paziente e indulgente: Stabilire relazioni solide richiede tempo e pazienza. Non cercare di forzare le cose o di aspettarti che le persone si adattino immediatamente alle tue aspettative culturali. Sii paziente e indulgente, accetta che le differenze culturali possono portare a sfide e adattati gradualmente alle nuove dinamiche relazionali.

Gestire le differenze culturali richiede impegno e apertura mentale. Sviluppa la consapevolezza culturale, sii aperto e flessibile, pratica l'ascolto attivo e rispetta le differenze. Comunica in modo chiaro e diretto, crea connessioni attraverso l'interesse reciproco e sii paziente e indulgente nel tuo percorso di costruzione di relazioni solide. Ricorda che la diversità culturale può arricchire le tue esperienze e favorire connessioni significative con persone provenienti da tutto il mondo.

CAPITOLO 6: CONOSCERE LOCALS E STRANIERI - SFUMATURE DI AMICIZIA

L'importanza Di Entrambi - Scoprire Le Ricchezze Delle Amicizie Con Locals E Expat

Quando si vive all'estero, è importante cercare connessioni sia con le persone locali che con gli altri expat. Entrambi i gruppi offrono opportunità uniche di amicizia e arricchimento personale. Ecco perché è importante apprezzare l'importanza di entrambi e scoprire le ricchezze che entrambe le tipologie di amicizia possono offrire.

Connessioni con locals: Le amicizie con le persone locali ti permettono di immergerti appieno nella cultura e nella vita quotidiana del paese ospitante. Le persone locali possono condividere con te le loro tradizioni, la cucina locale, le celebrazioni culturali e altro ancora. Queste connessioni possono arricchire la tua esperienza di vita all'estero e fornirti una prospettiva autentica del luogo in cui ti trovi.

Purtroppo a onor del vero, fare amicizia con i locali può talvolta essere difficile per diversi motivi:

- Barriera linguistica: La lingua può essere un ostacolo alla comunicazione, soprattutto se non si conosce bene la lingua del paese ospitante.
- Differenze culturali: Le diverse norme sociali e abitudini possono portare a incomprensioni e momenti di imbarazzo durante le interazioni sociali.
- Timidezza e sfiducia: Alcune persone locali possono essere timide o diffidenti verso gli stranieri, specialmente in zone frequentate dai turisti.

- Cerchie di amicizie esistenti: Le persone locali spesso hanno già un gruppo di amici consolidato, rendendo difficile per gli stranieri entrare a far parte di questo gruppo.
- Frustrazioni culturali reciproche: Gli stranieri possono faticare a comprendere certi aspetti della cultura locale, mentre i locali possono sentirsi frustrati dall'adattamento degli stranieri alle loro usanze.
- Limiti di tempo: Se si è in un paese solo per un breve periodo, come in vacanza, potrebbe essere difficile stabilire amicizie profonde e durature.

Nonostante queste sfide, ci sono sempre persone interessate a conoscere gli stranieri e a instaurare nuove amicizie. Con l'approccio giusto, la pazienza e l'apertura mentale, è possibile superare queste difficoltà e creare legami significativi con i locali, arricchendo così l'esperienza di vita all'estero.

Scambio culturale: Interagendo con locals, avrai l'opportunità di imparare di più sulla cultura del paese, sulle sue usanze e sulle sue credenze. Potrai scoprire nuovi modi di vedere il mondo, sfidare i tuoi preconcetti e ampliare la tua conoscenza. Il reciproco scambio culturale arricchisce entrambe le parti coinvolte e contribuisce a creare un ambiente di comprensione e tolleranza reciproca.

Supporto locale: Le amicizie con locals possono fornirti un supporto importante. Le persone locali possono aiutarti ad adattarti alla vita nel nuovo paese, fornendoti informazioni utili, consigliando luoghi da visitare, aiutandoti con la lingua e molto altro ancora. Questo supporto può rendere l'esperienza di vita all'estero più piacevole e agevolare il tuo adattamento.

Connessioni con expat: Gli expat, al contempo, possono offrirti un senso di appartenenza e comprensione. Condividendo esperienze simili di vita all'estero, potrai sentirsi compreso e sostenuto dagli altri expat che affrontano le stesse sfide e le stesse emozioni. Le amicizie con gli expat possono fornire un ambiente in cui puoi condividere le tue esperienze, le tue preoccupazioni e le tue vittorie, creando un forte legame di supporto reciproco.

Scambio di conoscenze e informazioni: Gli expat possono essere una fonte preziosa di informazioni e consigli pratici su come affrontare gli aspetti pratici della vita all'estero, come trovare alloggio, affrontare questioni burocratiche o trovare le migliori attività da fare nella zona. Le loro esperienze passate possono essere di grande aiuto e ispirazione per te.

Comunità di supporto: Spesso ci sono gruppi e club specifici per gli expat, che offrono un'opportunità per incontrare altre persone che condividono la tua esperienza di vita all'estero. Partecipare a queste comunità di supporto può fornirti un senso di appartenenza e connessione con persone che capiscono le tue sfide e le tue gioie come expat.

Espandere le prospettive: Entrambe le amicizie, sia con locals che con expat, ti offrono l'opportunità di espandere le tue prospettive e vedere il mondo attraverso gli occhi di diverse culture. Questo arricchimento personale ti aiuta a crescere come individuo e a sviluppare una mentalità aperta e inclusiva.

Sia le amicizie con locals che quelle con expat sono preziose e possono arricchire la tua esperienza di vita all'estero. Apprezzare l'importanza di entrambe le tipologie di amicizia ti permette di creare connessioni significative e di sperimentare la bellezza della diversità culturale. Sfrutta le opportunità offerte da entrambi i gruppi e godi delle ricchezze che entrambe le amicizie possono portare nella tua vita.

Conoscere I Locals - Immergersi Nella Cultura Locale, Frequentare Eventi E

Luoghi Frequentati Dai Residenti

Una parte fondamentale dell'esperienza di essere un expat è la possibilità di conoscere i locals, ovvero le persone del paese ospitante. Queste connessioni possono offrire una prospettiva autentica della cultura locale e creare legami significativi. Ecco alcune strategie per conoscere i locals e immergersi nella cultura locale.

Frequenta eventi e luoghi locali: Partecipa a eventi culturali, festival, mostre d'arte, spettacoli teatrali o concerti nella tua zona. Questi eventi offrono l'opportunità di incontrare locals con interessi simili e di immergerti nella scena culturale locale. Visitare luoghi frequentati dai residenti, come mercati, parchi o caffetterie, può anche offrire l'opportunità di fare nuove conoscenze.

Scopri la cucina locale: La cucina è spesso un elemento centrale della cultura di un paese. Esplora i ristoranti locali, prova piatti tradizionali e chiedi consigli sui posti migliori dove gustare le specialità locali. Mangiare insieme può essere un'ottima occasione per fare conversazione e scoprire nuovi aspetti della cultura locale.

Partecipa a corsi o attività locali: Iscriviti a corsi o partecipa ad attività che interessano i locals. Potresti considerare lezioni di cucina, di danza tradizionale, di artigianato o di lingua locale. Queste esperienze non solo ti permetteranno di apprendere nuove abilità, ma anche di incontrare locals che condividono le tue passioni.

Coinvolgiti nella comunità: Cerca opportunità di volontariato presso organizzazioni locali o partecipa a progetti comunitari. Questi impegni ti daranno l'opportunità di entrare in contatto con locals e di fare una differenza nella comunità locale. Sii aperto a imparare dalle persone che incontri e ad accogliere le loro prospettive uniche.

Impara la lingua locale: Imparare la lingua locale è un modo efficace per connettersi con i locals. Anche se non è sempre facile, fare lo sforzo di imparare almeno alcune frasi di base nella lingua locale può fare una grande differenza nelle interazioni con le persone del posto. Gli locals apprezzeranno il tuo interesse per la loro lingua e saranno più propensi a stabilire una connessione con te.

Sii rispettoso e osservatore: Mostra rispetto per la cultura e le tradizioni locali. Osserva attentamente i comportamenti e le norme sociali per adattarti alle aspettative locali. Sii aperto a imparare e ad adattarti a nuovi modi di fare le cose.

Coltiva la curiosità: Mostra interesse per la cultura locale facendo domande e mostrando curiosità verso le tradizioni, le usanze e la storia del paese ospitante. Cerca di imparare da chi vive nel luogo e di approfondire la tua comprensione della cultura locale.

Conoscere i locals è un modo straordinario per immergersi nella cultura locale e creare connessioni autentiche. Partecipa a eventi locali, scopri la cucina tradizionale, partecipa a corsi o attività locali, coinvolgiti nella comunità, impara la lingua locale, mostra rispetto e coltiva la curiosità. Queste esperienze ti permetteranno di conoscere meglio il paese ospitante e di creare relazioni significative con le persone che lo abitano.

Interagire Con Gli Expat - Partecipare A Gruppi E Club Per Stranieri, Sfruttare Le Reti Esistenti Di Expat

Interagire con gli expat offre l'opportunità di connettersi con persone che condividono la tua esperienza di vita all'estero. Queste connessioni possono offrire un sostegno importante, creare legami di amicizia e favorire l'integrazione nella comunità degli expat. Ecco alcune strategie per interagire con gli expat e sfruttare le reti esistenti di expat.

Partecipa a gruppi e club per stranieri: Molti paesi ospitanti hanno gruppi e club specificamente dedicati agli expat. Questi gruppi offrono un ambiente in cui puoi incontrare persone che condividono le tue esperienze e affrontano le stesse sfide. Partecipare a eventi e attività organizzate da questi gruppi ti permette di conoscere altri expat, creare connessioni e stabilire nuove amicizie.

Sfrutta le reti esistenti di expat: Se hai amici o conoscenti che vivono già nel paese ospitante, chiedi loro di metterti in contatto con altre persone nella comunità degli expat. Queste connessioni possono essere una risorsa preziosa per farti conoscere altre persone, fornirti consigli e orientarti nella vita all'estero.

Partecipa a eventi di networking per expat: Cerca eventi di networking o conferenze per expat nella tua zona. Queste occasioni offrono l'opportunità di incontrare persone provenienti da diverse parti del mondo e di stabilire connessioni professionali o personali. Scopri se ci sono gruppi di networking specifici per la tua professione o settore di interesse.

Sfrutta le piattaforme online: Utilizza piattaforme online, come forum di expat o gruppi di social media, per connetterti con altri expat. Queste comunità online possono offrire un supporto virtuale, consigli utili e l'opportunità di incontrare persone nella vita reale. Ricerca gruppi di expat specifici per il tuo paese ospitante o per i tuoi interessi.

Organizza incontri informali: Organizza incontri informali con altri expat per condividere esperienze, chiacchierare e creare un senso di comunità. Puoi organizzare cene, serate a tema, escursioni o altre attività che interessano il gruppo. Questi incontri possono aiutarti a stabilire legami duraturi e a creare una rete di supporto reciproco.

Condividi informazioni e consigli: Fai parte della comunità degli expat condividendo informazioni e consigli utili con gli altri. Puoi farlo attraverso blog personali, forum di expat o gruppi di social media. Condividere le tue esperienze può essere utile per gli expat che stanno affrontando le stesse sfide e può anche portarti in contatto con persone che condividono interessi simili.

Sii aperto all'intercultura: Quando interagisci con gli expat, ricorda che provengono da diverse parti del mondo, ognuno con la propria cultura e background. Sii aperto all'intercultura, impara dagli altri e apprezzane le differenze. Questa apertura mentale favorirà relazioni significative e arricchenti.

Interagire con gli expat offre una rete di supporto e un senso di comunità durante l'esperienza di vita all'estero. Partecipa a gruppi e club per stranieri, sfrutta le reti esistenti di expat, partecipa a eventi di networking, utilizza piattaforme online, organizza incontri informali, condividi informazioni e consigli, e sii aperto all'intercultura. Queste strategie ti aiuteranno a connetterti con altri expat, a condividere esperienze e a creare un ambiente di supporto reciproco durante la tua esperienza di vita all'estero.

CAPITOLO 7: MANTENERE AMICIZIE DURATURE

Investire Nel Tempo E Nell'impegno - Coltivare Le Amicizie E Organizzare Attività Ricorrenti

Mantenere amicizie durature richiede impegno e cura continua. Dopo aver stabilito connessioni significative con locals e expat, è importante dedicare tempo ed energie per coltivare queste relazioni. Ecco alcune strategie per investire nel tempo e nell'impegno per mantenere amicizie durature.

Programma incontri regolari: Stabilisci un programma regolare per incontrare i tuoi amici. Potrebbe essere una cena settimanale, un'uscita mensile o qualsiasi altra attività che preferite. Avere un appuntamento fisso aiuta a mantenere vive le relazioni e a creare un senso di attesa e di impegno reciproco.

Coinvolgi gli amici nelle tue attività: Invita i tuoi amici a partecipare alle tue attività quotidiane o ai tuoi hobby. Potreste fare una passeggiata insieme, organizzare una serata di gioco, cucinare insieme o partecipare a un corso o un evento. Coinvolgere gli amici nella tua vita quotidiana crea legami più forti e duraturi.

Mostra interesse e sostegno: Fai domande sulle vite dei tuoi amici, ascolta attentamente e offri sostegno quando necessario. Mostra un genuino interesse per i loro successi, preoccupazioni e passioni. Essere presenti durante i momenti difficili e celebrare insieme i traguardi crea una base solida per le amicizie durature.

Comunicazione costante: Mantieni una comunicazione costante con i tuoi amici attraverso chiamate, messaggi, videochiamate o qualsiasi altro mezzo che preferite. Anche se vivete lontani, è importante rimanere in contatto e condividere le vostre esperienze e emozioni. La comunicazione regolare aiuta a preservare il legame e a nutrire le amicizie nel tempo.

Organizza eventi speciali: Organizza eventi speciali per celebrare compleanni, anniversari o altre occasioni importanti. Puoi organizzare una festa a sorpresa, una cena in un ristorante preferito o un'escursione per festeggiare insieme. Questi momenti speciali creano ricordi duraturi e rafforzano i legami tra gli amici.

Mostra gratitudine: Sii grato per le amicizie che hai e fai in modo che i tuoi amici sappiano quanto sono importanti per te. Esprimi il tuo apprezzamento attraverso piccoli gesti di gentilezza, regali significativi o semplicemente dicendo loro quanto ti tengono a cuore. La gratitudine alimenta le relazioni e rende le amicizie ancora più speciali.

Sii flessibile e tollerante: Le amicizie durature richiedono flessibilità e tolleranza reciproca. Accetta che i tuoi amici possono avere impegni o responsabilità che potrebbero limitare la loro disponibilità. Sii aperto ai cambiamenti e adattati alle esigenze e alle priorità degli altri. La flessibilità e la tolleranza contribuiscono a mantenere una relazione sana e duratura.

Mantenere amicizie durature richiede tempo, impegno e cura. Programma incontri regolari, coinvolgi gli amici nelle tue attività, mostra interesse e sostegno, mantieni una comunicazione costante, organizza eventi speciali, mostra gratitudine, e sii flessibile e tollerante. Investendo nel tempo e nell'impegno, potrai coltivare amicizie significative e durature che porteranno gioia e sostegno nella tua vita.

Affrontare I Conflitti In Modo Costruttivo - Gestire Le Divergenze Culturali E Risolvere I Contrasti

Anche le amicizie più solide possono affrontare momenti di conflitto e divergenze. Affrontare i conflitti in modo costruttivo è fondamentale per preservare le amicizie e rafforzare i legami. Ecco alcune strategie per gestire le divergenze culturali e risolvere i contrasti nelle amicizie durature.

Comunicazione aperta ed empatica: Sii aperto a comunicare apertamente con i tuoi amici riguardo alle differenze o alle problematiche che possono sorgere. Ascolta attentamente il punto di vista dell'altro e cerca di comprendere le sue emozioni e preoccupazioni. Evita di giudicare o attaccare l'altro, ma piuttosto cerca di creare uno spazio sicuro in cui entrambi possano esprimere i propri sentimenti.

Cerca il dialogo costruttivo: Invece di lasciare che le tensioni si accumulino, cerca il dialogo costruttivo per affrontare i conflitti. Trova un momento e un luogo appropriati per parlare con calma delle questioni che ti preoccupano. Focalizzati su soluzioni piuttosto che su colpe o accuse reciproche.

Rispetto reciproco: Mantieni sempre il rispetto reciproco durante i conflitti. Evita linguaggio offensivo o atteggiamenti ostili. Cerca di vedere le differenze come opportunità di crescita e comprensione reciproca, anziché come motivo di divisione.

Trova un terreno comune: Cerca punti di incontro o interessi condivisi su cui basare la risoluzione dei conflitti. Identifica obiettivi comuni che entrambi desiderate raggiungere e lavorate insieme per trovare una soluzione che soddisfi entrambi.

Cerca compromessi: Sii disposto a cercare compromessi e a trovare un punto di equilibrio nelle situazioni di conflitto. Capire che ogni persona ha i propri punti di vista e necessità può aiutare a creare spazi di comprensione reciproca e a raggiungere soluzioni soddisfacenti per entrambi.

Coinvolgi un mediatore neutrale: Se i conflitti sembrano insormontabili o se le emozioni sono troppo intense, potresti considerare di coinvolgere un mediatore neutrale. Una persona esterna e imparziale può aiutare a facilitare la comunicazione e trovare soluzioni pratiche per affrontare le divergenze.

Coltiva la fiducia e il perdono: Nel processo

di risoluzione dei conflitti, coltiva la fiducia reciproca e il perdono. Sii disposto a lasciare andare le situazioni passate e ad andare avanti. La fiducia e il perdono sono fondamentali per mantenere un'amicizia duratura.

Affrontare i conflitti in modo costruttivo richiede pazienza, empatia e impegno. Comunica apertamente, cerca il dialogo costruttivo, rispetta l'altro, trova un terreno comune, cerca compromessi, coinvolgi un mediatore neutrale se necessario e coltiva la fiducia e il perdono. Queste strategie ti aiuteranno a superare i conflitti nelle tue amicizie durature e a rafforzare i legami che condividete.

Accogliere Nuovi Arrivati - Aiutare Gli Altri Expat Ad Adattarsi E Sentirsi A Casa

Uno dei aspetti gratificanti dell'essere un expat è la possibilità di aiutare gli altri expat che arrivano nel tuo paese ospitante. Accogliere e supportare i nuovi arrivati non solo crea una connessione significativa, ma contribuisce anche a costruire una comunità solida e inclusiva. Ecco alcune strategie per accogliere i nuovi arrivati e aiutarli ad adattarsi e sentirsi a casa.

Offri il tuo sostegno: Sii disponibile ad aiutare i nuovi arrivati con informazioni, consigli e orientamento. Condividi le tue esperienze e offri suggerimenti pratici per affrontare le sfide comuni dell'adattamento. Mostra empatia e comprensione per le loro preoccupazioni e offri il tuo sostegno durante il processo di adattamento.

Condividi risorse utili: Fornisci ai nuovi arrivati informazioni utili sul paese ospitante, come servizi di traduzione, medici, scuole, supermercati, trasporti pubblici, e così via. Condividi contatti e risorse che hai accumulato nel corso del tempo, in modo che i nuovi arrivati possano orientarsi più facilmente e trovare le risorse necessarie per la loro vita quotidiana.

Organizza incontri di socializzazione: Organizza incontri informali per far conoscere i nuovi arrivati ad altre persone della comunità expat. Puoi organizzare una cena di benvenuto, un'uscita a un evento locale o un'attività di gruppo per permettere loro di incontrare altre persone e creare nuove amicizie. Questi incontri forniranno un senso di appartenenza e supporto iniziale ai nuovi arrivati.

Offri consigli pratici: Condividi consigli pratici sulle norme sociali, le tradizioni locali, le abitudini e le consuetudini del paese ospitante. Aiuta i nuovi arrivati a comprendere le sfumature culturali e a evitare eventuali malintesi o situazioni imbarazzanti. Condividi le tue esperienze personali e offri suggerimenti su come affrontare situazioni comuni della vita all'estero.

Invitali a partecipare alle attività: Invita i nuovi arrivati a partecipare alle attività che fai regolarmente con i tuoi amici expat o locals. Fagli conoscere luoghi interessanti da visitare, eventi culturali da non perdere o hobby comuni in cui possono partecipare. L'inclusione in attività sociali ti aiuta a creare un senso di comunità e appartenenza per i nuovi arrivati.

Facilita il networking: Introduci i nuovi arrivati ad altre persone nella tua rete di contatti, sia expat che locals. Puoi organizzare incontri o eventi informali in cui possono conoscere altre persone che condividono i loro interessi o che possono fornire opportunità professionali. Aiutali a creare una rete di supporto sociale e professionale nel nuovo ambiente.

Sii paziente e comprensivo: Ricorda che ogni persona ha un proprio ritmo di adattamento. Sii paziente e comprensivo con i nuovi arrivati, fornendo loro il tempo e lo spazio per acclimatarsi al nuovo ambiente. Sostienili durante i momenti di difficoltà e incoraggiali a perseguire le loro passioni e interessi.

Accogliere i nuovi arrivati è un atto di generosità e solidarietà che contribuisce a creare una comunità espatriata accogliente e inclusiva. Offri sostegno, condividi risorse, organizza incontri di socializzazione, offri consigli pratici, invitali alle attività, facilita il networking, e sii paziente e comprensivo. Insieme, possiamo aiutare i nuovi arrivati a sentirsi a casa nel loro nuovo ambiente e a creare relazioni significative durante la loro esperienza di vita all'estero.

CONCLUSIONE

Essere un expat in cerca di connessioni oltre i confini è un'avventura emozionante che ci offre l'opportunità di esplorare nuove culture, creare legami significativi e scoprire lati inaspettati di noi stessi. Durante il nostro percorso, abbiamo esaminato diverse strategie per coltivare amicizie autentiche e durature, affrontando le sfide e abbracciando l'apertura mentale.

Ma non dimentichiamo di mantenere un tocco di leggerezza lungo il cammino. Mentre ci immergiamo nelle tradizioni locali e facciamo nuove esperienze, concediamoci di sorridere delle nostre goffaggini e dei momenti imprevisti che la vita da expat può portare. L'umorismo ci aiuta a superare i momenti difficili, a creare un'atmosfera di comprensione reciproca e a mantenere una prospettiva positiva.

Ricordiamoci di accogliere il cambiamento con entusiasmo, di sfruttare le risorse online per connetterci in anticipo e di abbracciare la cultura locale con curiosità. Partecipiamo a attività di gruppo, sviluppiamo abilità di conversazione e scopriamo interessi comuni che ci permettano di incontrare persone affini. Coltiviamo rapporti autentici, ascoltando gli altri e condividendo esperienze personali, mostrando empatia e rispettando le differenze culturali.

Affrontiamo le sfide con resilienza, superando la solitudine, imparando la lingua locale e gestendo le differenze culturali con sensibilità. E, infine, celebriamo la ricchezza delle amicizie sia con i locals che con gli expat. Interagiamo con la comunità locale, partecipiamo a gruppi e club per stranieri e godiamo dei vantaggi di avere connessioni internazionali.

Che il nostro viaggio nella ricerca di connessioni oltre i confini sia un'esperienza arricchente, piena di risate, scoperte e legami duraturi. Che le nostre amicizie siano solide come rocce, luminose come stelle e, soprattutto, permeate di una profonda comprensione reciproca.

Buon viaggio nell'esplorazione di nuovi orizzonti e nell'arte di connettersi con il cuore aperto.